KU-746-484

Llyfrgelloedd Caerdydd
www.caerdydd.gov.uk/llyfrgelloedd
Cardiff Libraries
www.cardiff.gov.uk/libraries

CAERDYDD
CARDIFF

Please
check
CD(s)are
present
inside
this book

基础汉语

主　编　陈绥宁　副主编　沈萌萌
编　者　沈萌萌　华霄颖　周子衡　陈绥宁

40 Lessons For Basic Chinese Course

40

课

上册

华东师范大学出版社

ACC. No: 03063869

图书在版编目(CIP)数据

基础汉语 40 课/陈绥宁主编. —上海:华东师范大学出版社

ISBN 978 - 7 - 5617 - 3103 - 1

Ⅰ.基...　Ⅱ.陈...　Ⅲ.汉语—对外汉语教学—教材　Ⅳ.H195.4

中国版本图书馆 CIP 数据核字(2002)第 069161 号

基础汉语 **40** 课　上册
40 Lessons for Basic Chinese Course

主　　编　陈绥宁
责任编辑　范剑华
封面设计　高　山
版式设计　蒋　克

出版发行　华东师范大学出版社
社　　址　上海市中山北路 3663 号　邮编 200062
网　　址　www.ecnupress.com.cn
电　　话　021 - 60821666　行政传真 021 - 62572105
客服电话　021 - 62865537　门市(邮购)电话 021 - 62869887
地　　址　上海市中山北路 3663 号华东师范大学校内先锋路口
网　　店　http://hdsdcbs.tmall.com

印 刷 者　上海市崇明裕安印刷厂
开　　本　787×960　16 开
印　　张　18.25
字　　数　310 千字
版　　次　2004 年 2 月第 2 版
印　　次　2015 年 1 月第 12 次
书　　号　ISBN 978 - 7 - 5617 - 3103 - 1/H·209
定　　价　58.00 元(含盘)

出 版 人　王　焰

(如发现本版图书有印订质量问题,请寄回本社客服中心调换或电话 021 - 62865537 联系)

前　言

随着中国国际地位的日益提高，学习汉语的外国人逐年增加，对外汉语教学事业也取得了长足的进步。我们原来为外国学生编写的《基础汉语25课》已不太适应时代发展的需要。因此，在各方面大力支持下，我们按照《基础汉语25课》的框架，以情景、结构为主，兼顾文化、功能等要素，进一步扩大词汇量，重新编写了《基础汉语40课》。

全套教材分为上、下两册，各20课。上册的前5课是语音部分。主要学习汉语拼音，同时兼顾一些简单的日常生活会话和课堂用语，共有单词128个。后15课，每课有短文和会话。通过短文的学习，掌握一些基本的汉语语法，约有56个语法点；会话部分基本上不出现新的语法点，只是掌握一些基本的会话模式和语言功能。词汇学习除了词汇表以外，还有词组的读读写写，15课共有单词791个。此外每课课文后有附录，按类别介绍一些常用事物，并配有图片，以增强趣味性。下册20课重点在阅读。每课都有两篇短文，一篇精读，一篇泛读。精读部分有新的语法点。泛读部分主要介绍中国的文化知识。下册单词有1270个，语法点有38个。为了掌握单词、语法以及加强听说读写的能力，课文后面都有大量形式多样的练习材料，包括课文内容理解、词语、句型的练习，还有综合型的训练，以发挥学生的积极性和创造性。最后对一些比较难掌握的语法点和词语作了一些注释以帮助理解。

对外国学生来说，发音是学习汉语的难点，特别是声调，因此为了加强发音训练，达到准确发音的目的，上册的短文和会话部分的汉字全都注上了汉语拼音。认读和书写汉字对非汉字圈国家的学生来说也是一个难点，因此，在上册的每篇课文后都附有部首和笔划表，以便酌情练习。而对于汉语语法的学习，本教材主要通过句型来掌握。

根据国家教育部的规定，汉语水平考试（HSK）成绩是否达标是留学生能否进入高校院系学习的一个必要条件，而且目前也是国外机构选拔驻华人员的一个重要依据。因此，我们在编写本教材时充分考虑到了这个因素，特别是参照了最新颁布的《高等学校外国留学生汉语长期进修教学大纲》。全套教材共有生词2189个，覆盖了该大纲中初级阶段的全部最常用词771个，次常用词1250个，约占大纲规定的80%；语法项目占该大纲初等阶段语法项目（一）、（二）的95%。

本教材的上册课文内容和句型由沈萌萌、华霄颖、周子衡共同改编完成，练习部分由沈萌萌修改完成；下册课文分工如下：沈萌萌（21~24课、26~29课、31课、34课、37~39课及练习）、华霄颖（25、30、32、40课及部分词汇练习）、周子衡（33、35、36课及阅读理解练习）。全书由沈萌萌统稿，陈绥宁审核。本书的英语翻译由沈萌萌负责，插图由郑军绘编。

最后我们由衷地感谢华东师范大学对外汉语学院、对外汉语远程教学中心以及华东师范大学出版社的大力支持和帮助。

陈绥宁

2002 年 7 月

Preface

The number of foreign students learning Chinese has increased over the years along with the emerging international status of China, enhancing the development of teaching Chinese to foreigners.

As the original text *Basic Chinese Course 25 Lessons* we once prepared no longer satisfy today's requirements, base on a similar framework, we compiled *40 Lessons for Basic Chinese Course* with emphasis on scenarios structures, integrating elements of culture and functions, while making use of additional vocabulary.

The whole text is divided into two volumes, each containing 20 chapters. Lesson 1-5 in the first volume deals with Chinese phonetics, and in addition, some day-to-day and classroom expressions making use of some 128 vocabulary. Each of the remaining 15 chapters contains short text and dialogue. Through the study of the short texts, learners are expected to be able to master the 56 basic Chinese grammars patterns illustrated. Reading and writing practices are included in the vocabulary sections, with a total of 791 vocabularies in the 15 chapters. Each chapter's end contains an appendix, presenting everyday subjects as classified with the aid of pictures.

The second volume is focused on reading comprehension. Each chapter contains two pieces of text, one focuses on intensive reading and contains new grammar patterns, while another one mainly embraces knowledge of Chinese culture. The second volume, in total makes use of 1270 vocabulary and 38 grammar patterns. We have also designed and included exercises of all kinds with the aim of helping learner to better understand the vocabulary, grammar involved while improving their skills in reading, listening, speaking and writing.

Pronunciation, especially the tones, has always been a hard obstacle for learners from foreign countries. In order to facilitate further practices in this aspect, all characters from the short texts and dialogues in the first volume are marked by the relevant tones and phonetics. Recognition and calligraphic of Chinese characters are equally challenging for foreign students. In the first volume, we have included to the end of each chapter practices of Chinese Character radicals and strokes.

According to stipulation by the Ministry of National Education, qualification of HSK examination is a major prerequisite for enrollment in further education of universities. In compiling the text, we have taken full consideration in the latest *Outline of Chinese Teaching for Foreign Students in Higher Education*. With a total of 2189 vocabularies, the whole text covers 771 major vocabularies, 1250 minor vocabularies, representing 80% of the basic and intermediate stages within the outline. Grammar patterns contained in the text covers 95% of the basic stage in the outline.

The contents and sentence structures in the first volume is compiled by Shen Meng Meng, Hua Xiao Ying and Zhou Zi Heng. The practices are compiled by Shen Meng Meng. The work of the second volume is divided as below:Shen Meng Meng(Chp. 21-24,26-29,31,34,37-39 and practices), Hua Xiao Ying(Chp. 25, 30,32,40 and part of vocabulary practices), Zhou Zi Heng(Chp. 33,35,36 and reading comprehension practices). The whole text is revised and translated by Shen Meng Meng and finalized by Chen Sui Ning, while the pictures are designed by Zhen Jun respectively.

Lastly, I wish to extend our appreciation to International College of Chinese Studies at East China Normal University, Online College of Chinese Language and East China Normal University Press for their kind support and assistance.

Chen Sui Ning
July,2002

目 录

第 一 课　语音（1）………………………………………………… 1

第 二 课　语音（2）………………………………………………… 9

第 三 课　语音（3）………………………………………………… 18

第 四 课　语音（4）………………………………………………… 27

第 五 课　语音（5）………………………………………………… 37

　　　　　语音（复习）……………………………………………… 47

第 六 课　我的家庭………………………………………………… 51

第 七 课　我们的学校……………………………………………… 63

第 八 课　我们的宿舍……………………………………………… 75

第 九 课　我的一天………………………………………………… 87

第 十 课　我们的学习生活………………………………………… 99

第十一课　去商店买东西…………………………………………… 112

第十二课　新同学…………………………………………………… 126

第十三课　愉快的周末……………………………………………… 142

第十四课　参观人民广场…………………………………………… 159

第十五课　去中国朋友家做客……………………………………… 174

第十六课　在邮局…………………………………………………… 190

第十七课　给姐姐的一封信………………………………………… 207

第十八课　皮尔病了………………………………………………… 224

第十九课　到饭店去吃饭…………………………………………… 240

第二十课　中国的节日……………………………………………… 256

生词检索表…………………………………………………………… 273

LESSON 1

第一课
语音（1）

语音 Phonetics

一 韵母 Finals

a o e i u
ai ei ao ou

二 声母 Initials

b p m f
d t n l

三 拼音 Combinations of initials and finals

	a	o	e	i	u	ai	ei	ao	ou
b	ba	bo		bi	bu	bai	bei	bao	
p	pa	po		pi	pu	pai	pei	pao	pou
m	ma	mo	me	mi	mu	mai	mei	mao	mou
f	fa	fo			fu		fei		fou

	a	o	e	i	u	ai	ei	ao	ou
d	da		de	di	du	dai	dei	dao	dou
t	ta		te	ti	tu	tai		tao	tou
n	na		ne	ni	nu	nai	nei	nao	nou
l	la		le	li	lu	lai	lei	lao	lou

四 声调 Tones

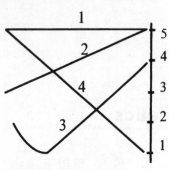

ˉ 第一声（55）	1st tone (high and level)
ˊ 第二声（35）	2nd tone (rising)
ˇ 第三声（214）	3rd tone (falling-rising)
ˋ 第四声（51）	4th tone (falling)

dā	dá	dǎ	dà
pō	pó	pǒ	pò
nī	ní	nǐ	nì
tū	tú	tǔ	tù
māi	mái	mǎi	mài
fēi	féi	fěi	fèi
bāo	báo	bǎo	bào
de	me	ne	le

生词 New Words

 报（bào）  包（bāo）  衣服（yīfu）  地图（dìtú）

 笔（bǐ）  读（dú）  跑（pǎo）  买（mǎi）

1.	爸爸	（名）bàba	father
2.	妈妈	（名）māma	mother
3.	弟弟	（名）dìdi	younger brother
4.	妹妹	（名）mèimei	younger sister
5.	你	（代）nǐ	you
6.	他	（代）tā	he
7.	她	（代）tā	she
8.	报	（名）bào	newspaper
9.	包	（名）bāo	bag
10.	地图	（名）dìtú	map
11.	衣服	（名）yīfu	clothes
12.	笔	（名）bǐ	pen
13.	读	（动）dú	to read
14.	跑	（动）pǎo	to run
15.	买	（动）mǎi	to buy
16.	卖	（动）mài	to sell
17.	一	（数）yī	one
18.	五	（数）wǔ	five
19.	八	（数）bā	eight
20.	第	（头）dì	*prefix for ordinal numbers*

21. 不　　　　　（副）bù　　　　　　no; not

课文 Text

1 Bàba dú bào, māma mǎi yīfu.

Papa is reading a newspaper and mama is shopping for clothes.

2 Dìdi pǎo dìyī, mèimei pǎo dìwǔ.

Younger brother comes the first and younger sister comes the fifth.

4 Tā mǎi bào, bù mǎi dìtú.

She buys a newspaper, doesn't buy a map.

3 Nǐ mǎi bǐ, tā mài bǐ.

You buy pens and he sells pens.

练习 Exercises

一 辨音 Sound discrimination

b — p

bā — pā   bǎo — pǎo   bái — pái   bèi — pèi

bàopò (to blow up)	búpà (be not afraid)
pǎobù (to run)	pùbù (waterfall)
pípá (*a Chinese musical instrument*)	bǎobèi (baby)

d — t

dà — tà   dǐ — tǐ   dù — tù   dāo — tāo

dàitóu (to take the lead)	dǎotā (to collapse)
tǔdòu (potato)	tèdì (specially)
táotài (to supersede)	dàodé (moral)

二 声调练习 Tones discrimination

一、四声练习 1st and 4th

– + ˋ	fūfù (couple)		pāimài (auction)
ˋ + –	nèiyī (underwear)		tìdāo (razor blade)
ˋ + ˋ	dàolù (road)		fèilì (be strenuous)

二、四声练习 2st and 4th

ˊ + ˋ	bófù (uncle)		fúwù (service)
ˋ + ˊ	dìtú (map)		màopái (fake)
ˊ + ˊ	pútáo (grape)		léidá (radar)

一、二声练习 1st and 2th

– + ˊ	āyí (auntie)		bōlí (glass)
ˊ + –	pífū (skin)		máoyī (sweater)
– + –	bōtāo (waves)		fādāi (stare blankly)

轻声练习 Neutral tone

–	+	·	māma (mother)	yīfu (clothes)
ˊ	+	·	tóufa (hair)	nálai (to bring sth. here)
ˇ	+	·	nǎinai (granny)	nǎodai (head)
ˋ	+	·	dàifu (doctor)	mèimei (younger sister)

三 听老师读，然后标出声调 Listen to the speech by your instructor and write down the appropriate tone-marks for the following syllables

(1) ni　　(2) lei　　　　(3) tai　　　　(4) pei　　　　(5) laolao

(6) loutai　(7) maoyi　　(8) lutu　　　(9) fada　　　(10) mutou

四 听老师读，然后选择正确的音节 Listen to the speech by your instructor and choose the correct syllable

(1) dǎ — tǎ			
(2) nù — lù			
(3) pài — bài			
(4) táo — tóu			
(5) fó — fóu			
(6) mào — mò			
(7) lái — léi			
(8) pǎo — bǎo			
(9) dù — tù			
(10) pō — pōu			

1

2

3

4

5

6

7

8

9

汉字 Chinese Characters

笔画 Strokes	名称 Names	运笔方向 Directions of Strokes	例字 Examples
、	点 diǎn	↘	不
一	横 héng	→	一
丨	竖 shù	↓	木(mù, wood)
丿	撇 piě	↙	大(dà, big)
乀	捺 nà	↘	八

规则 Rules	例字 Examples	笔顺 Order of Strokes
先横后竖 "héng" precedes "shù"	木	一 十 才 木
先撇后捺 "piě" precedes "nà"	大	一 ナ 大
从上到下 From top to bottom	不	一 丆 不 不
从左到右 From left to right	八	丿 八

1 声母和韵母 Initials and finals

汉语的音节大多数是由声母和韵母拼合而成的。音节开头的辅音是声母, 其余部分是韵母。现代汉语有21个声母, 39个韵母。

A syllable in Chinese is usually composed of an initial and a final. The initial is consonantal beginning of a syllable and the final is the rest of the syllable. There are 21 initials and 39 finals in Chinese.

2 声调 Tones

普通话有四个基本声调, 分别用声调符号 "－"(第一声)、"ˊ"(第二声)、"ˇ"(第三声)、"ˋ"(第四声)来表示。声调不同, 意义也不同, 如: bào(报), bāo(包)。

There are four basic tones represented respectively by "－","ˊ", "ˇ", "ˋ". When a syllable is pronounced in different tones, it has different meanings, e.g. bào(newspaper), bāo(bag).

当一个音节只有一个元音时, 声调符号标在元音上(元音 i 上有调号时要去掉上面的点, 如: nǐ); 一个音节有两个或两个以上的元音时, 声调符号标在开口度最大的元音上, 如: bào。

When a syllable contains only a single vowel, the tone-mark is placed above it. (The dot over the vowel " i " should be dropped if the tone-mark is placed above it, e.g. " nǐ ") When the final is compound vowel, the tone-mark is placed above the one pronounced with the mouth widest open, e.g. bào.

3 拼写规则 Spelling rules

" i "、" u " 自成音节时写成 " yi "、" wu "。

Standing alone as a syllable, " i "," u " is written as " yi "," wu ".

4 轻声 Neutral tone

普通话里有一些音节读得又轻又短, 叫做轻声。轻声不标调号。

There are certain syllables pronounced both weak and short, which are defined as taking the neutral tone. They are pronounced in light tone without tone-marks above them.

LESSON 2

语音 Phonetics

一 韵母 Finals

an   en   ang   eng   ong
ua   uo   uai   uei(- ui)
uan   uen(- un)   uang   ueng

二 声母 Initials

g   k   h

三 拼音 Combinations of initials and finals

	a	e	u	ai	ei	ao	ou
g	ga	ge	gu	gai	gei	gao	gou
k	ka	ke	ku	kai	kei	kao	kou
h	ha	he	hu	hai	hei	hao	hou

	an	en	ang	eng	ong	ua	uo
g	gan	gen	gang	geng	gong	gua	guo
k	kan	ken	kang	keng	kong	kua	kuo
h	han	hen	hang	heng	hong	hua	huo
b	ban	ben	bang	beng			
p	pan	pen	pang	peng			
m	man	men	mang	meng			
f	fan	fen	fang	feng			
d	dan	den	dang	deng	dong		duo
t	tan		tang	teng	tong		tuo
n	nan	nen	nang	neng	nong		nuo
l	lan		lang	leng	long		luo

	uai	uei(-ui)	uan	uen(-un)	uang	ueng
g	guai	gui	guan	gun	guang	
k	kuai	kui	kuan	kun	kuang	
h	huai	hui	huan	hun	huang	
b						
p						
m						
f						
d		dui	duan	dun		
t		tui	tuan	tun		
n			nuan			
l			luan	lun		

wā	wá	wǎ	wà
wēn	wén	wěn	wèn
wān	wán	wǎn	wàn
gē	gé	gě	gè
fēn	fén	fěn	fèn
tāng	táng	tǎng	tàng
mēng	méng	měng	mèng
hōng	hóng	hǒng	hòng
duō	duó	duǒ	duò
kuī	kuí	kuǐ	kuì
huāng	huáng	huǎng	huàng

生词 New Words

他们（tāmen）

她们（tāmen）

课本（kèběn）

咖啡（kāfēi）

问（wèn）

喝（hē）

贵（guì）

忙（máng）

1. 我	（代）wǒ	I; me
2. 们	（尾）men	*used after a personal pronoun or a noun to show plural number*
3. 我们	（代）wǒmen	we
4. 你们	（代）nǐmen	you
5. 他们	（代）tāmen	they
6. 她们	（代）tāmen	they
7. 哥哥	（名）gēge	elder brother
8. 咖啡	（名）kāfēi	coffee
9. 课本	（名）kèběn	textbook
10. 问	（动）wèn	to ask
11. 回答	（动、名）huídá	to answer
12. 懂	（动）dǒng	to understand
13. 喝	（动）hē	to drink
14. 好	（形）hǎo	good
15. 对	（形）duì	right
16. 贵	（形）guì	expensive
17. 累	（形）lèi	be tired
18. 忙	（形）máng	busy
19. 很	（副）hěn	very
20. 的	（助）de	*a structural particle*
21. 吗	（助）ma	*a modal particle*
22. 呢	（助）ne	*a modal particle*

课文 Text

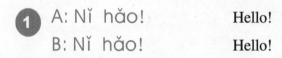

1 A: Nǐ hǎo! Hello!
 B: Nǐ hǎo! Hello!

2

A: Nǐ hǎo ma? How are you?

B: Wǒ hěn hǎo, nǐ ne? I'm fine. And you?

A: Wǒ hěn hǎo. I'm fine.

B: Nǐ bàba, māma hǎo ma? How are your father and mother?

A: Tāmen hěn hǎo. They are fine.

3

A: Wǒ wèn, nǐmen huídá. Please answer my questions.
  Nǐmen dǒng ma? Do you understand?

B: Dǒng. /Bù dǒng. Yes, we do. /No, we don't.

A: Nǐmen máng ma? Are you busy?

B: Hěn máng. /Bù máng. Yes, I'm very busy. /No, I'm not busy.

A: Nǐmen lèi ma? Are you tired?

B: Hěn lèi. /Bú lèi. Yes, we are very tired. / No, we are not tired.

4

A: Nǐ de kèběn guì ma? Is your textbook expensive?

B: Hěn guì. / Bú guì. Yes, it is. /No, it isn't .

A: Tā de huídá duì ma? Is his answer right?

B: Duì. / Bú duì. Yes, it is. / No, it isn't .

一 辨音 Sound discrimination

g—k

gě — kě　　　gū — kū　　　guà — kuà　　　gēng — kēng

guānkàn (to watch)　　　　　gōngkè (homework)

kāiguān (switch)　　　　　　kònggào (to prosecute)

kēkè (be harsh)　　　　　　　gǎigé (to reform)

f—h

fú — hú　　　gǒu — hǒu　　fēi — hēi　　　fàn — hàn

fěnhóng (pink)　　　　　　　fúhào (symbol)

huīfù (to recover)　　　　　huāfèi (to spend)

huánghǎi (the Yellow Sea)　fāngfǎ (method)

an—ang

dān — dāng　　fàn — fàng　　pán — páng　　tǎn — tǎng

fǎnwèn (rhetorical question)　fǎngwèn (to visit)

kāifàn (begin to have a meal)　kāifàng (be open to the public)

fāng'àn (plan)　　　　　　　fánmáng (busy)

en—eng

bēn — bēng　　mén — méng　　pén —péng　　mèn — mèng

guāfēn (to carve up)　　　　guāfēng (to blow)

mùpén (wooden basin)　　　mùpéng (wooden shed)

běnnéng (instinct)　　　　　gēnběn (basic)

二 声调练习 Tones discrimination

三声在后 1st, 2nd, 4th+3rd

– + ˇ	fāngfǎ (method)	hēibǎn (blackboard)
′ + ˇ	máobǐ (writing brush)	ménkǒu (doorway)
ˋ + ˇ	hòuguǒ (result)	kèběn (textbook)
ˇ + ˇ	lǎohǔ (tiger)	nǐhǎo (hello)

三声在前 3rd+1st, 2nd, 4th and neutral tone

ˇ + –	běifāng (the north)	tǒngyī (to unify)
ˇ + ′	měiguó (U.S.A.)	kǒuhóng (lipstick)
ˇ + ˋ	pǎobù (to run)	měilì (beautiful)
ˇ + ·	nǐmen (you)	nuǎnhuo (warm)

"不"的变调 Tone changes of "不"

不 + –	bù kuān (not wide)	bù hēi (not dark)
不 + ′	bù máng (not busy)	bù nán (not difficult)
不 + ˇ	bù hǎo (not good)	bù dǒng (do not understand)
不 + ˋ	bú duì (not right)	bú lèi (not tired)

三　听老师读，然后选择正确的音节 Listen to the speech by your instructor and choose the correct syllable

(1) gū — kū		
(2) dùn — dòng		
(3) huà — fà		
(4) pàng — bàng		
(5) guì — guài		
(6) fǎng — huǎng		
(7) fān — fāng		
(8) lóng — nóng		
(9) nú — nuó		
(10) kuà — kuò		
(11) pén — pán		
(12) téng — táng		

(1) bu hǎo　　　　　　　　　(2) bu nán

(3) bu duì　　　　　　　　　(4) bu mǎi

(5) bu wèn　　　　　　　　　(6) bu máng

(7) bu lèi　　　　　　　　　(8) bu dǒng

五　听写音节 Dictation

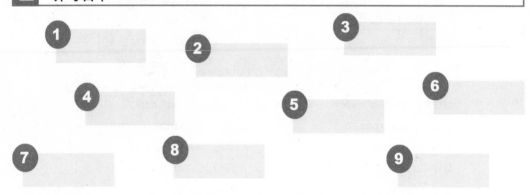

汉字 Chinese Characters

笔画 Strokes	名称 Names	运笔方向 Directions of Strokes	例字 Examples
ノ	横撇 héngpiě		多
ㄱ	横折 héngzhé		五
一	横钩 hénggōu		买
丁	横折钩 héngzhégōu		问
乙	横折弯钩 héngzhéwāngōu		亿（yì, a hundred million）

规则 Rules	例字 Examples	笔顺 Order of Strokes
从外到内 From outside to inside	问	丶 丨 门 门 问 问
先里头后封口 Inside precedes the sealing stroke	回	丨 冂 冂 冋 向 回
先中间后两边 Middle precedes the two sides	办（bàn, to handle）	フ 力 力 办

注释 Notes

1 变调 Tone changes

两个第三声连在一起时，前一个读成第二声。

When a 3rd tone is followed by another 3rd tone, it is pronounced as a 2nd tone.

e.g. nǐ hǎo → ní hǎo

第三声在一、二、四声和大部分轻声字前要读半三声，就是只读原来第三声的前半降调。

When a 3rd tone is followed by a 1st, 2nd, 4th tone or a neutral tone , it is pronounced as a half 3rd tone, only its first half (falling) is pronounced.

"不"单用或在第一、二、三声前声调不变，在第四声前读第二声。

The tone of "不（bù）" does not change when it stands by itself or precedes a 1st, 2nd or a 3rd tone, but it is pronounced as a 2nd tone when it precedes a 4th tone.

e.g. bù kuān   bù lái   bù hǎo   bú lèi

2 拼写规则 Spelling rules

韵母"ua, uo, uai, uei, uan, uen, uang, ueng"自成音节时，"u"写成"w"。

When "ua, uo, uai, uei, uan, uen, uang" and "ueng" stands alone as a syllable, "u" is written as "w".

韵母"uei, uen"前有声母时，写成"ui, un"，"ui"的声调标在"i"上。

When preceded by an initial, the finals "uei"and "uen" must be written as "ui" and "un". The tone-mark of "ui" should be placed above "i".

LESSON 3

第三课
语音（3）

语音 Phonetics

一 韵母 Finals

ia　　ie　　iao　　iou(- iu)
ian　　in　　iang　　ing　　iong
ü　　üe　　üan　　ün

二 声母 Initials

j　　q　　x

三 拼音 Combinations of initials and finals

	i	ia	ie	iao	iou(-iu)	ian	in	iang	ing	iong
j	ji	jia	jie	jiao	jiu	jian	jin	jiang	jing	jiong
q	qi	qia	qie	qiao	qiu	qian	qin	qiang	qing	qiong
x	xi	xia	xie	xiao	xiu	xian	xin	xiang	xing	xiong
b	bi		bie	biao		bian	bin		bing	
p	pi		pie	piao		pian	pin		ping	
m	mi		mie	miao	miu	mian	min		ming	
d	di		die	diao	diu	dian			ding	
t	ti		tie	tiao		tian			ting	
n	ni		nie	niao	niu	nian	nin	niang	ning	
l	li	lia	lie	liao	liu	lian	lin	liang	ling	

	ü	üe	üan	ün
j	ju	jue	juan	jun
q	qu	que	quan	qun
x	xu	xue	xuan	xun
n	nü	nüe		
l	lü	lüe		

四 声调 Tones

qī	qí	qǐ	qì
jiā	jiá	jiǎ	jià
biē	bié	biě	biè
miāo	miáo	miǎo	miào
niū	niú	niǔ	niù
tiān	tián	tiǎn	tiàn
pīn	pín	pǐn	pìn
xiāng	xiáng	xiǎng	xiàng
yīng	yíng	yǐng	yìng
yū	yú	yǔ	yù
xuē	xué	xuě	xuè
quān	quán	quǎn	quàn
yūn	yún	yǔn	yùn

生词 New Words

听（tīng）　　　　写（xiě）　　　　念（niàn）　　　　看（kàn）

学习（xuéxí）　英语（yīngyǔ）　六（liù）　九（jiǔ）

1. 今天	（名）jīntiān	today
2. 明天	（名）míngtiān	tomorrow
3. 星期	（名）xīngqī	week
4. 星期天	（名）xīngqītiān	Sunday
5. 月	（名）yuè	month
6. 号	（名）hào	date; number
7. 几	（代）jǐ	how many
8. 姐姐	（名）jiějie	elder sister
9. 汉语	（名）Hànyǔ	Chinese
10. 英语	（名）Yīngyǔ	English
11. 课	（名）kè	lesson
12. 页	（量）yè	page
13. 学习	（动）xuéxí	to study
14. 看	（动）kàn	to look at; to watch
15. 念	（动）niàn	to read
16. 听	（动）tīng	to listen
17. 写	（动）xiě	to write
18. 请	（动）qǐng	please
19. 难	（形）nán	difficult
20. 谢谢	（动）xièxie	to thank
21. 客气	（形）kèqi	polite
22. 六	（数）liù	six
23. 七	（数）qī	seven
24. 九	（数）jiǔ	nine

1

2001年
9月6日

A: Míngtiān jǐ yuè jǐ hào ?

What's the date of tomorrow?

B: Míngtiān jiǔ yuè qī hào.

It's 7th September.

2

A: Jīntiān xīngqī jǐ ?

What day is today?

B: Jīntiān xīngqī liù.

Today is Saturday.

A: Míngtiān xīngqī jǐ ?

What day is tomorrow?

B: Míngtiān xīngqī tiān.

Tomorrow is Sunday.

3

Hànyǔ hěn nán. Yīngyǔ bù nán.

Chinese is very difficult. English is not difficult.

Wǒ xuéxí Hànyǔ, jiějie xuéxí Yīngyǔ.

I study Chinese and my elder sister studies English.

4

Jīntiān xuéxí dì yī kè.

We study Lesson One today.

Qǐng nǐmen kàn dì yī yè.

Please look at page 1.

第一课

5

A: Qǐng hē kāfēi.

Please drink some coffee.

B: Xièxie.

Thank you.

A: Búxiè./Búkèqi.

That's all right. / You are welcome.

6

Wǒ niàn, nǐmen tīng.

I read and you listen.

Wǒ niàn, nǐmen xiě.

I read and you write.

练习 **Exercises**

一 辨音 Sound discrimination

u — ü

wū — yū　　　nǔ — nǚ　　　lù — lǜ　　　　　wú — yú

jìlù (to record)　　　　　　　　　jìlǜ (discipline)
xiàwǔ (afternoon)　　　　　　　　xiàyǔ (to rain)
nǚxù (son-in-law)　　　　　　　　lùxù (one after another)

in — ing

xīn — xīng　　　lín — líng　　　jǐn — jǐng　　　yìn — yìng

pínfán (frequently)　　　　　　　píngfán (ordinary)
búxìn (not believe)　　　　　　　bùxíng (no way)
píngmín (the common people)　　pīnmìng (to risk one's life)

in — ün

jīn — jūn   yín — yún   xìn — xùn   qīn — qūn

báiyín (silver)   báiyún (white cloud)
tōngxìn (to correspond)   tōngxùn (communication)
yīnxùn (information)   xìngyùn (lucky)

ian — iang

yān — yāng   lián — liáng   jiǎn — jiǎng   niàn — niàng

xiānhuā (fresh flowers)   xiǎngfǎ (opinion)
jiǎnlì (resume)   jiǎnglì (to award)
qiánxiàn (frontline)   liánxiǎng (to image)

ian — üan

xiǎn — xuǎn   jiān — juān   qiàn — quàn   yán — yuán

qiántou (in front of)   quántou (fist)
yǒuqián (be rich)   yǒuquán (to have power)
yǎnyuán (actor)   quánmiàn (comprehensive)

ie — üe

yē — yuē   jié — jué   xiě — xuě   qiè — què

jiéyuē (to save)   jiějué (to solve)
xuèyè (blood)   quèqiè (exactly)
yīnyuè (music)   yíngyè (to conduct business)

二 | 读一读 Read the following words

fēijī (plane)   jiātíng (family)
qiānbǐ (pencil)   yínháng (bank)
yóujú (post office)   jiéhūn (to marry)
píngguǒ (apple)   xuéxiào (school)
piányi (cheap)   lǚxíng (to travel)

(1) jiě — juě		
(2) xiàn — xiàng		
(3) qiě — jiě		
(4) huó — fó		
(5) fǎn — fǎng		
(6) nǐ — nǚ		
(7) qiáng — qiǎng		
(8) jiān — quān		
(9) nín — níng		
(10) qū — xū		

四　听老师读，然后标出声调 Listen to the speech by your instructor and write down the appropriate tone-marks for the following syllables

(1) pinyin　　(2) dianying　　(3) qianmian　　(4) gangbi　　(5) mingtian

(6) tingjian　　(7) liaojie　　(8) yanjing　　(9) xiayu　　(10) lianxi

五　听写音节　Dictation

1　　2　　3　　4　　5　　6　　7　　8　　9

汉字 Chinese Characters

笔画 Strokes	名称 Names	运笔方向 Directions of Strokes	例字 Examples
㇄	竖折 shù zhé		忙
｜	竖钩 shù gōu		对
㇄	竖弯 shù wān		西 （xī, west）
㇄	竖弯钩 shù wān gōu		七
㇅	竖折折钩 shù zhé zhé gōu		弟

结构 Structures		例字 Examples	笔顺 Order of Strokes
独体字 Single-component Characters		气 月	丿 仁 气 气 丿 几 月 月
合体字 Multi-component Characters	左右 结构 Left-right Structure	忙 对	丶 忄 忄 忙 忙 フ 又 对 对 对
	上下 结构 Top-bottom Structure	买 英	一 マ マ 三 买 买 一 卄 艹 芢 苎 苹 英 英

1 "i" 在音节开头写成 "y"，只有 "in" 和 "ing" 在前面加 "y"。

At the beginning of a syllable, "i" is written as "y", only "in" and "ing" are preceded by "y".

2 韵母 "iou" 前有声母时写成 "iu"，声调符号在 "u" 上。

When an initial precedes the final "iou", it should be written as "iu" and the tone-mark should be placed above "u".

3 韵母 "ü, üe, üan, ün" 自成音节时，写成 "yu, yue, yuan, yun"，"ü" 上的两点省略；与声母 "j, q, x" 相拼时，"ü" 上的两点省略。

Standing alone as a syllable, "ü, üe, üan, ün" are written as "yu, yue, yuan, yun" and the two dots over "ü" are omitted; when "j, q, x" is followed by "ü, üe, üan, ün", the two dots over "ü" are omitted.

LESSON 4

语音 Phonetics

一　韵母 Finals

er　　　-i [ʅ]

二　声母 Initials

zh　ch　sh　r

三　拼音 Combinations of initials and finals

	a	e	-i	ai	ei	ao	ou	an	en	ang	eng
zh	zha	zhe	zhi	zhai	zhei	zhao	zhou	zhan	zhen	zhang	zheng
ch	cha	che	chi	chai		chao	chou	chan	chen	chang	cheng
sh	sha	she	shi	shai	shei	shao	shou	shan	shen	shang	sheng
r		re	ri			rao	rou	ran	ren	rang	reng

	ong	u	ua	uo	uai	uei (-ui)	uan	uen (-un)	uang
zh	zhong	zhu	zhua	zhuo	zhuai	zhui	zhuan	zhun	zhuang
ch	chong	chu	chua	chuo	chuai	chui	chuan	chun	chuang
sh		shu	shua	shuo	shuai	shui	shuan	shun	shuang
r	rong	ru	rua	ruo		rui	ruan	run	

四　声调 Tones

zhī	zhí	zhǐ	zhì
chī	chí	chǐ	chì
shī	shí	shǐ	shì
zhē	zhé	zhě	zhè
chān	chán	chǎn	chàn
chuān	chuán	chuǎn	chuàn
shēn	shén	shěn	shèn
chēng	chéng	chěng	chèng
rāng	ráng	rǎng	ràng

生词 New Words

　　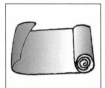　　　　

书（shū）　　　　纸（zhǐ）　　　　水（shuǐ）　　　牛奶（niúnǎi）

 面包（miànbāo）　 老师（lǎoshī）　 学生（xuésheng）　 吃（chī）

1. 这	（代）zhè（zhèi）	this
2. 那	（代）nà（nèi）	that
3. 这儿	（代）zhèr	here
4. 那儿	（代）nàr	there
5. 什么	（代）shénme	what
6. 哪	（代）nǎ（něi）	which
7. 哪儿	（代）nǎr	where
8. 谁	（代）shuí（shéi）	who
9. 书	（名）shū	book
10. 纸	（名）zhǐ	paper
11. 人	（名）rén	person
12. 国	（名）guó	country
13. 日	（名）rì	date
14. 您	（代）nín	you *(respectful form)*
15. 老师	（名）lǎoshī	teacher
16. 学生	（名）xuésheng	student
17. 饭	（名）fàn	meal
18. 面包	（名）miànbāo	bread
19. 水	（名）shuǐ	water
20. 牛奶	（名）niúnǎi	milk
21. 是	（动）shì	to be; yes
22. 吃	（动）chī	to eat
23. 来	（动）lái	to come
24. 去	（动）qù	to go
25. 二	（数）èr	two
26. 十	（数）shí	ten

1. 中国   Zhōngguó   China
2. 日本   Rìběn   Japan
3. 美国   Měiguó   U.S.A.

课文 Text

1

A: Zhèshì shénme?

What's this?

B: Zhè shì shū.

It's a book.

2

A: Nàshì shénme?

What's that?

B: Nà shì zhǐ.

It's a sheet of paper.

3

A: Nǐ shì Zhōngguó rén ma?

Are you Chinese?

B: Bù, wǒ búshì Zhōngguó rén.

No, I'm not.

4

A: Tā shì Rìběn rén ma?

Is he Japanese?

B: Shìde, tā shì Rìběn rén.

Yes, he is.

5

A: Tā shì nǎ/něi guó rén?

What's her nationality?

B: Tā shì Měiguó rén.

She is from America.

6

A: Nín shì lǎoshī ma?

Are you a teacher?

B: Shì de, wǒ shì lǎoshī.

Yes, I am.

A: Tā shì shuí/shéi?

Who is he?

B: Tā shì wǒ de gēge.

He is my elder brother.

7

8

A: Tāmen shì lǎoshī ma?

Are they teachers?

B: Bù, tāmen bú shì lǎoshī.

No, they are not teachers.

A: Tāmen shì xuésheng.

They are students.

9

A: Nǐ qù nǎr?

Where are you going?

B: Wǒ qù nàr.

I'm going there.

A: Qǐng lái zhèr.

Please come here.

B: Hǎo de.

O.K.

10

11

A: Nǐ chī shénme?

What would you like to eat?

B: Wǒ chī miànbāo.

I eat bread.

12

A: Nǐmen hē shénme?
What would you like to drink?

B: Wǒ hē shuǐ.
I drink water.

A: Wǒ hē niúnǎi.
I drink milk.

练习 Exercises

一 **辨音 Sound discrimination**

j — zh

jī—zhī   jīn—zhēn   jiǎo—zhǎo   jiōng—zhōng

jiànzhù (architecture)   zhànjù (to occupy)
zháojí (be worried)   jiāojí (anxious)
zhèngjiàn (credentials)   zhēnjiǎ (true or false)

q — ch

qī—chī   qín—chén   qiáo—cháo   qiǎn—chǎn

chídào (be late)   qǐdǎo (to pray)
qiánchéng (future)   chéngqīng (to clarify)
shēnqiǎn (depth)   shēngchǎn (to produce)

x — sh

xiǎo—shǎo   xīng—shēng   xī—shī   xiàng—shàng

xīfàn (rice porridge)   shīfàn (teacher-training)
shāngxīn (sad)   xiāngxìn (to believe)
xiūshì (to decorate)   shōushi (to tidy up)

r — l

lì — rì   lè — rè   láo — ráo   luǎn — ruǎn

chūrù (to come in and go out)   chūlù (way out)
tiānrán (natural)   tiānlán (sky blue)
rìlì (calendar)   rèliè (warm)

er — -r

érgē (nursery rhymes)   nǚ'ér (daughter)
èrshí (twenty)   shí'èr (twelve)
huār (flower)   yíhuìr (a little while)

zh — ch — sh

zhànchǎng (battle field)   zhǎngshēng (applause)
chēzhàn (station)   chūshēng (be born)
shènzhì (even)   shēchǐ (luxurious)

二 读一读 Read the following words

shuìjiào (to sleep)   xiānsheng (Mr.)
shāngdiàn (store)   shēnghuó (life)
zhīdào (to know)   rènshi (to know)
diànshì (TV)   chángcháng (often)
qìchē (automobile)   liúxuéshēng (overseas student)

三 听老师读，然后选择正确的音节 Listen to the speech by your instructor and choose the correct syllable

(1) chá — qiá		
(2) zhuǎn — juǎn		
(3) xià — shà		
(4) shǎo — xiǎo		

(5) rào —lào			
(6) cháo —qiáo			
(7) zhǐ —jǐ			
(8) xí —shí			
(9) rì —lì			
(10) jiǎ —zhǎ			

四 听老师读，然后标出声调 Listen to the speech by your instructor and write down the appropriate tone-marks for the following syllables

(1) ertong (2) huoche (3) zhengfu (4) gushi (5) shijian

(6) shufu (7) relie (8) feijichang (9) shuiguo (10) jiaoshi

五 听写音节 Dictation

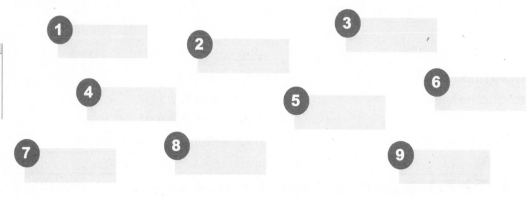

汉字 Chinese Characters

笔画 Strokes	名称 Names	运笔方向 Directions of Strokes	例字 Examples
⁄	提 tí	↗	汉
⌐	竖提 shùtí	↓↗	衣
﹨	斜钩 xiégōu	↓↗	我
）	弯钩 wāngōu	↓↑	家
﹂	卧钩 wògōu	↘↑	念

结构 Structures		例字 Examples	笔顺 Order of Strokes
独体字 Single-component Characters		日 水	丨 冂 日 日 亅 刁 水 水
合体字 Multi-component Characters	上下结构 Top-bottom Structure	美 写	丶 丷 兰 半 羊 美 美 美 丶 宀 宀 写 写
	左右结构 Left-right Structure	师 汉	丨 刂 冂 帀 师 师 丶 冫 氵 沪 汉
	半包围 Partial Enclosure	这	丶 亠 文 文 这 这
	全包围 All-round Enclosure	国 回	丨 冂 冂 冂 冋 国 国 国 丨 冂 冂 冋 回 回

1 "er" 有时和其韵母结合成一个儿化韵母。儿化韵母的拼音写法是在韵母之后加 "r"。

Sometimes "er" is attached to another final to form a "r"-ending retroflex final, which is spelled by adding the letter "r" to the original final.

2 "er" 是一个舌韵母，可以成音节，如 "èr(二)"。

"er" is a retroflex final which can be a syllable by itself, e.g. "èr (two)".

3 "zhi, chi, shi, ri" 的韵母是舌尖后元音 [ʅ]，不是舌面前元音[i]。

The finial "i" in "zhi, chi, shi, ri" is the blade-palatal [ʅ] spelled by phonetic letter "i".

4 一个词中的第二音节或第三音节如果开头是元音，拼写时必须在元音前面用隔音符号 " ' "，以避免与前面的音素相拼，如："qīn' ài (亲爱)" "Xī' ān(西安)"。

If the 2nd or the 3rd syllable of a word begins with a vowel, syllable-dividing mark " ' " should be used before the vowel, e. g. "qīn' ài (dear)" "Xī 'ān (Xi'an)".

LESSON 5

语音 Phonetics

一 韵母 Finals

- i[ʅ]

二 声母 Initials

z　c　s

三 拼音 Combinations of initials and finals

	a	e	-i	ai	ei	ao	ou	an	en	ang	eng	ong
z	za	ze	zi	zai	zei	zao	zou	zan	zen	zang	zeng	zong
c	ca	ce	ci	cai		cao	cou	can	cen	cang	ceng	cong
s	sa	se	si	sai		sao	sou	san	sen	sang	seng	song

	u	uo	uei(-ui)	uan	uen(-un)
z	zu	zuo	zui	zuan	zun
c	cu	cuo	cui	cuan	cun
s	su	suo	sui	suan	sun

四 声调 Tones

cī	cí	cǐ	cì
zāo	záo	zǎo	zào
zān	zán	zǎn	zàn
suī	suí	suǐ	suì
zū	zú	zǔ	zù
zuō	zuó	zuǒ	zuò
cuō	cuó	cuǒ	cuò
cūn	cún	cǔn	cùn

生词 New Words

汉字（Hànzì）

名字（míngzi）

本子（běnzi）

钱（qián）

零（líng）

百（bǎi）

千（qiān）

万（wàn）

1. 姓	（动）xìng	surname
2. 贵姓	guìxìng	surname(*respectful form*)
3. 叫	（动）jiào	be called
4. 做	（动）zuò	to do
5. 说	（动）shuō	to say; to speak
6. 见	（动）jiàn	to see
7. 上课	shàngkè	to attend a class
8. 下课	xiàkè	to finish a class
9. 名字	（名）míngzi	name
10. 昨天	（名）zuótiān	yesterday
11. 汉字	（名）Hànzì	Chinese character
12. 东西	（名）dōngxi	thing; object
13. 个	（量）gè	*a measure word*
14. 本子	（名）běnzi	notebook
15. 本	（量）běn	*a measure word*
16. 多少	（代）duōshao	how much
17. 钱	（名）qián	money
18. 块	（量）kuài	*yuan*
19. 元	（量）yuán	*yuan*
20. 毛	（量）máo	*mao*
21. 角	（量）jiǎo	*jiao*
22. 分	（量）fēn	*fen*
23. 再	（副）zài	again
24. 遍	（量）biàn	*a measure word*
25. 现在	（副）xiànzài	now
26. 对不起	duìbuqǐ	sorry; excuse me
27. 没关系	méiguānxi	it doesn't matter
28. 再见	（动）zàijiàn	good-bye
29. 三	（数）sān	three
30. 四	（数）sì	four
31. 两	（数）liǎng	two
32. 零	（数）líng	zero
33. 百	（数）bǎi	hundred
34. 千	（数）qiān	thousand

35. 万 　　　　　　　（数）wàn 　　　　　　　ten thousand

专有名词 Proper Nouns

1. 王 　　　　　　Wáng 　　　　　　*a Chinese surname*
2. 王方 　　　　　Wáng Fāng 　　　　*name of a person*

课文 Text

1

A: Nín guì xìng?

What's your surname?

B: Wǒ xìng Wáng.

My surname is Wang.

A: Nǐ jiào shénme míngzi?

What's your name?

B: Wǒ jiào Wáng Fāng.

My name is Wang Fang.

2

A: Zuótiān nǐ zuò shénme?

What did you do yesterday?

B: Wǒ xiě Hànzì.

I wrote Chinese characters.

A: Míngtiān nǐ zuò shénme?

What are you going to do tomorrow?

B: Wǒ mǎi dōngxi.

I'm going shopping.

3 A: Zhè běn shū duōshao qián?

How much is this book?

B: Liǎng bǎi sānshí kuài.

Two hundred and thirty *yuan*.

A: Duìbuqǐ, qǐng zài shuō yí biàn.

Sorry, would you repeat that again?

B: Zhè běn shū liǎng bǎi sānshí kuài.

This book is two hundred and thirty *yuan*.

A: Xièxie!

Thank you.

4 A: Nǐ mǎi shénme?

What do you want to buy?

B: Wǒ mǎi běnzi.

I want to buy a notebook.

Zhè ge běnzi duōshao qián?

How much is it?

A: Sān kuài sì máo.

Three *yuan* and four *mao*.

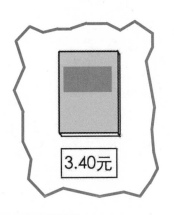

5 A: Nǐmen hǎo!

Good morning!

B: Lǎoshī hǎo!

Good morning!

A: Xiànzài shàngkè.

Now let's begin.

6

A: Xiànzài xiàkè.
Class is over.

B: Lǎoshī, míngtiān jiàn!
See you tomorrow, Sir/Miss.

A: Zàijiàn!
Bye-bye.

7

A: Duìbuqǐ!
Sorry.

B: Méi guānxi!
It doesn't matter.

练习 Exercises

一 辨音 Sound discrimination

z — zh

zé — zhé   zūn — zhūn   zàn — zhàn   zēng — zhēng

zīyuán (resource)   zhīyuán (to support)
zīshì (posture)   zhīshi (knowledge)
zǒngzhī (in a word)   zhǒngzi (seed)

c — ch

cā—chā   cuī—chuī   cù—chù   cōng—chōng

tuīcí (to decline)   tuīchí (to put off)
duǒcáng (to hide)   duōcháng (how long)
chǔcún (to store)   cùchéng (to promote)

s — sh

sè—shè   sōu—shōu   sài—shài   sǎng—shǎng

sīrén (private)   shīrén (poet)
sōují (to collect)   shōují (to collect)
shísì (fourteen)   sìshí (forty)

z c s — zh ch sh

zázhì (magazine)   shūcài (vegetable)
sùshè (dormitory)   chuàngzào (to create)
shēngcí (new word)   chūzūchē (taxi)

二   "一" 的变调 Tone changes of "一"

1 dìyī (the first)
yījiǔjiǔyī (1991)

2 yìbān (ordinary)   yìshēng (all one's life)
yìzhí (always)   yìnián (a year)
yìqǐ (together)   yìbǎi (a hundred)

3 yíyàng (same)
yíhuìr (a wile)

4 děng yi děng (wait a minute)
shì yi shì (try)

三   读一读 Read the following words

zuòyè (homework)   bǐsài (competition)
zìjǐ (oneself)   cèsuǒ (toilet)

běnzi (notebook)   bízi (nose)

cuòwù (mistake)   suǒyǐ (so)

cānguān (to visit)   zájì (acrobatics)

四 听老师读，然后选择正确的音节 Listen to the speech by your instructor and choose the correct syllable

(1) zū —cū			
(2) cuò —zuò			
(3) sī —xī			
(4) xǐ — shǐ			
(5) cái —chái			
(6) jì —zhì			
(7) suān —shuān			
(8) sān —cān			
(9) shì —sì			
(10) zāng —sāng			

五 听老师读，然后标出声调 Listen to the speech by your instructor and write down the appropriate tone-marks for the following syllables

(1) cidian   (2) erzi   (3) zuocai   (4) sanshi   (5) bucuo

(6) gangcai   (7) sichou   (8) siji   (9) zunshou   (10) canting

六 听写音节 Dictation

| 七 | 绕口令 Tongue Twister |

Sì shì sì, shí shì shí.
四 是 四, 十 是 十。
Shísì shì shísì, sìshí shì sìshí.
十 四 是 十 四, 四 十 是 四 十。

Four is four, ten is ten.
Fourteen is fourteen, forty is forty.

汉字 Chinese Characters

笔画 Strokes	名称 Names	运笔方向 Directions of Strokes	例字 Examples
╮	撇点 piědiǎn	↙	姐
╯	撇折 piězhé	↙	去
⁊	横折提 héngzhétí	→↓↗	说
㇄	横折弯 héngzhéwān	→↓→	没
㇅	横折弯钩 héngzhéwāngōu	→↓↘	那

结构 Structures		例字 Examples	笔顺 Order of Strokes
独体字 Single-component Characters		见 万	丨 冂 贝 见 一 丁 万
合体字 Multi-component Characters	上下结构 Top-bottom Structure	早 字	丨 冂 日 旦 早 丶 丷 宀 宁 字
	左右结构 Left-right Structure	吃 词	丨 冂 口 叱 吃 丶 讠 订 订 词 词
	半包围 Partial Enclosure	包	丿 勹 勺 匀 包
	全包围 All-round Enclosure	四	丨 冂 四 四

注释 Notes

1 "一"的变调: "一"单念或在词尾时念第一声，在第二、三声前念第四声，在第四声前念第二声，在重叠动词之间念轻声。

　　When it is read singly or is at the end of a word, "一" is pronounced as the 1st tone; when it is before a syllable which is in the 2nd or 3rd tone, "一" is pronounced as the 4th tone; when it is before a syllable in the 4th tone, "一" is pronounced as the 2nd tone; when it is inserted in a reduplicated verb, " 一 " is pronounced as neutral tone.

2 "两"和"二"都表示数词"2"，但用法不完全相同。

　　Both"两"and "二" mean number two, but they are used differently.

(1) 多位数的个位数和十位数用"二"，不用"两"，如"十二"、"二十二"、"三十二"等。"百"前一般用"二"，也可用"两"。"千、万"前多用"两"。

　　In two-digit numbers, use "二" in unit's and ten's place. e.g. "十二"、"二十二"、"三十二",etc. "二" is usually used before "百 (hundred)" though "两" can also be used here. Before "千 (thousand)"or "万 (ten thousand)", "两", preferably, is used.

(2) 序数用"二"，不用"两"。例如"第二"不说"第两"。

　　As an ordinal, "二" is used instead of "两". We say "第二" rather than "第两".

语音（复习）

一 韵母 Finals(39)

单韵母 Simple Finals(10)

a o e ê i u ü er -i[ʅ] -i[ɿ]

复韵母 Compound Finals(13)

ai	ei	ao	ou
ia	ie	iao	iou(-iu)
ua	uo	uai	uei(-ui)
üe			

鼻韵母 Nasal Finals(16)

an	en	ang	eng	ong
ian	in	iang	ing	iong
uan	uen(-un)	uang	ueng	
üan	ün			

二 声母 Initials(21)

唇音 Labials(4)

b p m f

舌尖中音 Apicals(plosive, nasal and lateral) (4)

d t n l

舌根音 Velars(3)

g　　　k　　　h

舌面音 Palatals(3)

j　　　q　　　x

舌尖后音 Blade-palatals(retro flexion)(4)

zh　　　ch　　　sh　　　r

舌尖前音 Dentals(affricate and fricative)(3)

z　　　c　　　s

三 辨音 Sound discrimination

i——ü	míngyì(in the name of)	míngyù(fame)
u——ü	fúwù(service)	fùyù(rich)
an——ang	bànqiú(hemisphere)	bàngqiú(baseball)
ian——iang	qiánbāo(wallet)	qiángdào(robber)
uan——uang	ménshuān(bolt)	shuāngfāng(both sides)
en——eng	qīnshēn(personal)	qīnshēng(one's own)
in——ing	rénmín(people)	rénmíng(one's name)
b——p	biǎobái(to vindicate)	piǎobái(to bleach)

d —— t	dùzi(belly)	tùzi(rabbit)
g —— k	gāoxìng(to be glad)	kàojìn(to get close to)
h —— f	kāifā(to develop)	kāihuā(to blossom)
q —— j	qìchē(automobile)	jìshu(skill)
ch —— zh	shēngchǎn(to produce)	shēnzhǎn(to extend)
ch —— q	chīfàn(to have a meal)	qípán(chessboard)
zh —— j	jìdu(be envy of)	zhìdù(system)
sh —— x	shīshēng(teacher and student)	xīshēng(to sacrifice)
r —— l	rìzi(day)	lìzi(example)
z —— c	zāogāo(too bad)	cǎogǎo(draft)
ch —— c	mùcái(timber)	mùchái(firewood)
zh —— z	zànshí(temporary)	zhǎnshì(to display)
sh —— s	sāngyè(mulberry leaves)	shāngyè(commercial)

1. Chī pútao bù tǔ pútao pí | To eat grapes but not to spit the skin

   Bù chī pútao tǔ pútao pí | Not to eat grapes but to spit the skin

2. Nǐ shuō chuán bǐ chuáng cháng | You say the boat is longer than the bed

   Tā shuō chuáng bǐ chuán cháng | He says the bed is longer than the boat

   Wǒ shuō chuán bù bǐ chuáng cháng | I say the bed is not longer than the boat

   Chuáng yě bù bǐ chuán cháng | And the boat is not longer than the bed

   Chuán hé chuáng yí yàng cháng | The boat is as long as the bed

LESSON 6

第六课
我的家庭

生词 New Words

1. 家庭	（名）	jiātíng	family
2. 家	（名）	jiā	family; home
3. 一共	（副）	yígòng	altogether
4. 有	（动）	yǒu	to have; there is
5. 和	（连、介）	hé	and; with
6. 医生	（名）	yīshēng	doctor
7. 也	（副）	yě	too; also
8. 岁	（量）	suì	year (of age)
9. 小学	（名）	xiǎoxué	elementary school
10. 都	（副）	dōu	all
11. 中学生	（名）	zhōngxuéshēng	middle or high school student
12. 大学生	（名）	dàxuéshēng	undergraduate
13. 大学	（名）	dàxué	university
14. 留学生	（名）	liúxuéshēng	overseas student
15. 没有	（副）	méiyǒu	not have; be without

1. 杰克   Jiékè   Jack , *name of a person*
2. 英国   Yīngguó   England

课文 Text

wǒ jiào Jiékè   wǒ shì Yīngguó rén
我 叫 杰克。 我 是 英国 人。

wǒ jiā yígòng yǒu liù ge rén   bàba
我 家 一共 有 六个 人：爸爸、

māma jiějie mèimei dìdi hé wǒ wǒ de bàba
妈妈、 姐姐、 妹妹、弟弟 和 我。我 的 爸爸

shì yīshēng wǒ de māma yě shì yīshēng wǒ de jiějie
是 医生, 我 的 妈妈 也 是 医生。 我 的 姐姐

èrshí qī suì shì xiǎoxué lǎoshī wǒ de mèimei hé dìdi
二十七 岁, 是 小学 老师。我 的 妹妹 和弟弟

dōu shì zhōngxuéshēng wǒ shì dà xuéshēng xiànzài wǒ
都 是 中学生。 我 是 大 学生。 现在 我

shì Zhōngguó dàxué de
是 中国 大学 的

liúxuéshēng
留学生。

生词 New Words

1. 太太	（名）	tàitai	wife; Mrs.
2. 女儿	（名）	nǚ'ér	daughter
3. 儿子	（名）	érzi	son
4. 爱人	（名）	àiren	husband or wife
5. 公司	（名）	gōngsī	company
6. 职员	（名）	zhíyuán	office worker
7. 多大		duōdà	how old
8. 位	（量）	wèi	*a measure word*
9. 先生	（名）	xiānsheng	husband; Mr.
10. 男	（形）	nán	male
11. 朋友	（名）	péngyou	friend
12. 工作	（名、动）	gōngzuò	job; to work
13. 女	（形）	nǚ	female
14. 年纪	（名）	niánjì	age
15. 小姐	（名）	xiǎojiě	Miss

专有名词 Proper Nouns

1. 李	Lǐ	*a Chinese surname*
2. 玛丽	Mǎlì	Mary, *name of a person*
3. 华东师范大学	Huádōng Shīfàn Dàxué	East China Normal University

会话 Dialogues

1

nǐ hǎo wǒ jiào Wáng Fāng wǒ shì Zhōngguó rén
王方: 你 好！我 叫 王 方，我 是 中国 人。

杰克: nǐ hǎo wǒ jiào Jiékè
你 好！我 叫 杰克。

王方: nǐ shì Měiguó rén ma
你 是 美国 人 吗？

杰克: bù wǒ shì Yīngguó rén
不， 我 是 英国 人。

王方: nǐ shì nǎ ge dàxué de liúxuéshēng
你 是 哪个 大学 的 留学生？

杰克: wǒ shì Huádōng Shīfàn Dàxué de liúxuéshēng
我 是 华东 师范 大学 的 留学生。

2

杰克: Mǎlì nà wèi xiānsheng shìbushì nǐ de nán péngyou
玛丽, 那 位 先生 是不是 你 的 男 朋友？

玛丽: bù tā shì wǒ de gēge
不， 他 是 我 的 哥哥。

杰克: tā yě shì liúxuéshēng ma
他 也 是 留学生 吗？

玛丽: bù tā bú shì liúxuéshēng
不， 他 不 是 留学生。

杰克: tā zuò shénme gōngzuò
他 做 什么 工作？

玛丽: tā shì dàxué lǎoshī
他 是 大学 老师。

3

杰克: Lǐ lǎoshī nǐ jiā yǒu jǐ ge rén
李 老师, 你 家 有 几个 人？

李老师: wǒ jiā yígòng yǒu sì ge rén wǒ de tàitai nǚ'ér érzi hé wǒ
我 家 一共 有 四个 人：我 的 太太、女儿、儿子 和 我。

杰克: nín de àiren yě shì lǎoshī ma
您 的 爱人 也 是 老师 吗？

李老师: bù tā shì gōngsī zhíyuán
不, 她 是 公司 职员。

杰克: nín de érzi hé nǚ'ér duōdà
您 的 儿子 和 女儿 多大?

李老师: wǒ de érzi shíqī suì wǒ de nǚ'ér shíwǔ
我 的 儿子 十七 岁, 我 的 女儿 十五
suì tāmen dōu shì zhōngxuéshēng
岁。 他们 都 是 中学生。

句型 Sentence Structure

1
你(的)爸爸是医生吗? / 你(的)爸爸是不是医生?
是的, 他是医生。
不, 他不是医生。

2
她是谁?
她是我(的) 姐姐。
你(的)姐姐做什么工作?
我(的)姐姐是小学老师。

3
你有姐姐吗? / 你有没有姐姐?
我有姐姐。
我没有姐姐。

4
你(的)妹妹和弟弟都是中学生吗?
是的, 他们都是中学生。
不, 他们都不是中学生。

5
你(的)姐姐也是医生, 是吗? / 是不是?
不, 她不是医生。 她是小学老师。

6
你(的)弟弟几岁?
我(的)弟弟五岁。

7
你和你(的)弟弟都是大学生吗?
不, 我们不都是大学生。
我是大学生, 我(的)弟弟是中学生。

8
你是哪个大学的留学生?
我是华东师范大学的留学生。

9
你家一共有几个人?
我家一共有六个人。

10
你 (的) 爸爸多大年纪?
我 (的) 爸爸六十三岁。

11
你(的)姐姐多大?
我(的)姐姐二十七岁。

12
你(的)妈妈也是医生吗?
是的, 她也是医生。

一　根据汉字写拼音 Write down the phonetics for the following characters

1. 一共 　　　　　　　　　　2. 朋友

3. 工作 　　　　　　　　　　4. 先生

5. 公司 　　　　　　　　　　6. 医生

7. 太太 　　　　　　　　　　8. 小姐

9. 女儿 　　　　　　　　　10. 职员

二　读读写写 Read and write

小学生	中学生	大学生	留学生
我的女儿	他的太太	你的哥哥	她的男朋友
先生和小姐	弟弟和妹妹	儿子和女儿	老师和学生

56

三　选择"都"或者"也"填空 Fill in the blanks with 都 or 也

1. 王老师有一个儿子，李老师 ＿＿＿＿ 有一个儿子。

2. 弟弟、妹妹和我 ＿＿＿＿ 是留学生。

3. 她是大学老师，她的爱人 ＿＿＿＿ 是大学老师。他们 ＿＿＿＿ 是大学老师。

4. 杰克是英国人，玛丽是美国人，他们不 ＿＿＿＿ 是英国人。

5. 王方没有姐姐，玛丽 ＿＿＿＿ 没有姐姐，他们 ＿＿＿＿ 没有姐姐。

6. 他是美国留学生，我 ＿＿＿＿ 是美国留学生，我们 ＿＿＿＿ 不是日本留学生。

A 模仿例子回答问题 Answer the following questions according to the example

A: 这是你的书吗？
B: 不，这不是我的书，这是我弟弟的书。

1. 杰克是美国人吗？

2. 她是李老师的女儿吗？

3. 这是不是玛丽的本子？

4. 杰克有没有哥哥？

5. 他们都是中国学生吗？

6. 王方是不是留学生？

B 模仿例子写出提问句 Construct questions on the following sentences according to the example

> 这是书。
> 这是什么？

1. 我家一共有四个人。_____
2. 玛丽的哥哥二十八岁。_____
3. 没有。我没有弟弟、妹妹。_____
4. 他是我的儿子。_____
5. 王方是华东师范大学的学生。_____
6. 是的，我是小学老师。_____
7. 杰克的爸爸是医生。_____
8. 我的朋友是日本人。_____

五 模仿例子改写句子 Rewrite the following sentences according to the example

> 我是美国人。他是美国人。
> 我是美国人，他也是美国人，我和他都是美国人。

1. 他是北京人。他的朋友是北京人。

2. 王老师有一个儿子和一个女儿。李老师有一个儿子和一个女儿。

3. 他不是大学生。他妹妹不是大学生。他弟弟不是大学生。

4. 玛丽家有四个人。我家有四个人。

5. 我没有汉语书。她没有汉语书。

六 回答问题 Answer the following questions

1. 你叫什么名字？ _____

2. 你是哪国人？ _____

3. 你家一共有几个人？ _____

4. 你有哥哥、姐姐、弟弟、妹妹吗？ _____

5. 你爸爸做什么工作？ _____

6. 你妈妈工作吗？ _____

7. 你是哪个大学的留学生？ _____

8. 你多大？ _____

9. 你的老师姓什么？ _____

10. 你有没有中国朋友？有几个？ _____

七 改错 Rewrite the following sentences correctly

1. 我家有一共四个人。

2. 我不有弟弟。

3. 他是留学生，也我是留学生。

4. 我的哥哥和姐姐都医生。

5. 那位先生是不是中国人吗？

6. 都他们是老师。

八 排列顺序 Arrange the following words in correct order

1. 大学	的	我	是	老师	哥哥		
2. 中学生	的	弟弟	我	和	都	是	妹妹
3. 都	爸爸	和	是	他	的	医生	妈妈
4. 一共	家	个	我	四	人	有	
5. 有	一个	李老师	也	女儿	儿子	一个	和
6. 不	男	他	是	朋友	的	我	

模仿例子用加点词造句 Write sentences using the marked characters according to the example

1. 我的爸爸是医生，我的妈妈也是医生。
2. 我的妹妹和弟弟都是中学生。
3. 我家一共有六个人。
4. 李老师有一个女儿和一个儿子。
5. 我和他都不是中国人。

十　**模仿课文介绍你的家庭　Introduce your family as the text**

我叫 ＿＿＿＿＿＿＿＿＿＿　我是 ＿＿＿＿＿＿＿＿＿＿ 人

我家一共有 ＿＿＿＿ 个人：＿＿＿＿＿＿＿＿＿＿

＿＿＿＿＿＿＿＿＿＿＿＿＿＿＿＿＿＿＿＿＿＿

＿＿＿＿＿＿＿＿＿＿＿＿＿＿＿＿＿＿＿＿＿＿

＿＿＿＿＿＿＿＿＿＿＿＿＿＿＿＿＿＿＿＿＿＿

＿＿＿＿＿＿＿＿＿＿＿＿＿＿＿＿＿＿＿＿＿＿

十一　**阅读或听力材料 Reading or listening materials**

王方的家庭

王方是我的中国朋友。他二十二岁，是上海人。现在他是华东师范大学的学生。他家一共有三个人：他的爸爸、妈妈和他。他没有哥哥、姐姐，也没有弟弟、妹妹。他的爸爸是公司职员，他的妈妈是护士。我和王方是好朋友。

1. 上海　　　　　Shànghǎi　　　Shanghai
2. 护士　　　（名）hùshì　　　nurse

熟读上文并标出声调, 然后判断下列句子的对错 Read the passage above and write down the corresponding tone-marks. Then decide whether the following sentences are true or false

1. 王方是华东师大的留学生。　　　　　　　　(　)
2. 他的爸爸、妈妈都是公司职员。　　　　　　(　)
3. 王方二十四岁。　　　　　　　　　　　　　(　)
4. 王方有一个姐姐，是护士。　　　　　　　　(　)
5. 王方没有妹妹。　　　　　　　　　　　　　(　)
6. 王方家一共有四个人。　　　　　　　　　　(　)
7. 王方是上海人。　　　　　　　　　　　　　(　)
8. 王方是我的好朋友。　　　　　　　　　　　(　)

附　**家庭关系 Family Tree**

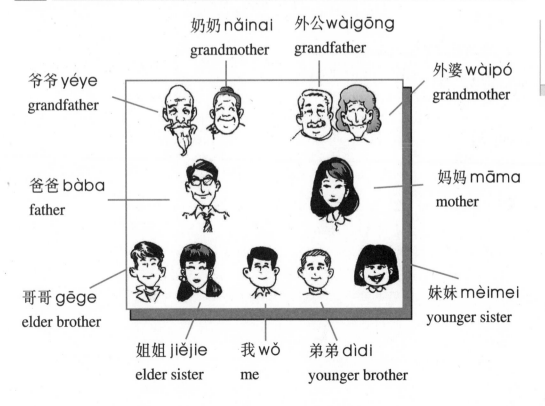

奶奶 nǎinai
grandmother

外公 wàigōng
grandfather

外婆 wàipó
grandmother

爷爷 yéye
grandfather

妈妈 māma
mother

爸爸 bàba
father

哥哥 gēge
elder brother

妹妹 mèimei
younger sister

姐姐 jiějie
elder sister

我 wǒ
me

弟弟 dìdi
younger brother

汉字 Chinese Characters

偏旁 Radicals	名称 Names	例字 Examples
亻	单人旁 dānrénpáng	你 位 做
女	女字旁 nǚzìpáng	妈 好 姓
讠	言字旁 yánzìpáng	读 谢 请
阝	右耳旁 yòu'ěrpáng	那 都 部

注释 Notes

1 汉语的词序 Word order in Chinese

在汉语里，词序是一种重要的语法手段。汉语的词序，一般是主语在前，谓语在后；动词在前，宾语在后；修饰成分(定语和状语)在前，中心语在后。

Word order plays an important role in Chinese grammar. Usually, the subject preceds the object and the verb precedes the object; the modifier (attributive and adverbial) precedes the central words.

2 "是" 字句和 "有" 字句 The 是 -sentence and the 有 -sentence

"是" 字句，否定式是在 "是" 前加 "不"。

The negative form of the 是 -sentence is to place 不 before 是.

"有" 字句，否定式是在 "有" 前加 "没"。

The negative form of the 有 -sentence is to place 没 before 有.

LESSON 7

生词　New Words

1.	学校	（名）xuéxiào	school
2.	在	（动、介）zài	at; in
3.	里面(边)	（名）lǐmian(bian)	inside
4.	多	（形）duō	many; much
5.	树	（名）shù	tree
6.	花儿	（名）huār	flower
7.	还	（副）hái	also
8.	条	（量）tiáo	*a measure word*
9.	河	（名）hé	river
10.	大	（形）dà	big; large
11.	小	（形）xiǎo	small; little
12.	上面(边)	（名）shàngmian(bian)	on; above; over
13.	座	（量）zuò	*a measure word*
14.	桥	（名）qiáo	bridge
15.	外国	（名）wàiguó	foreign country
16.	宿舍	（名）sùshè	dormitory
17.	旁边	（名）pángbiān	side
18.	外面(边)	（名）wàimian(bian)	outside

19. 运动场	（名）yùndòngchǎng	playground
20. 图书馆	（名）túshūguǎn	library
21. 喜欢	（动）xǐhuan	to like
22. 地方	（名）dìfang	place

课文 Text

zhè shì wǒmen de xuéxiào
这 是 我们 的 学校。

wǒmen de xuéxiào zài Shànghǎi
我们 的 学校 在 上海。

xuéxiào lǐmian yǒu hěnduō shù hé huār
学校 里面 有 很多 树 和花儿，

háiyǒu liǎng tiáo hé　yì tiáo dà hé hé yì tiáo xiǎo hé
还有 两 条河：一 条 大 河 和一 条 小 河。

dà hé　hé xiǎo hé shàngmian dōu yǒu yí　zuò qiáo
大 河 和 小 河 上面 都 有一 座 桥。

wǒmen de xuéxiào yǒu hěnduō Zhōngguó xuéshēng
我们 的 学校 有 很多 中国 学生，

háiyǒu hěnduō wàiguó
还有 很多 外国

liúxuéshēng wǒmen de sùshè
留学生。 我们 的 宿舍

zài hé de pángbiān sùshè wàimian yǒu yí ge
在 河 的 旁边。 宿舍 外面 有 一 个

yùndòngchǎng Zhōngguó xuéshēng de sùshè zài
运 动 场。 中国 学生 的 宿舍 在

túshūguǎn pángbiān
图书馆 旁边。

wǒ hěn xǐhuan wǒmen de xuéxiào
我 很 喜欢 我们 的 学校。

生词 New Words

1.	上	（名）shàng	up
2.	铅笔	（名）qiānbǐ	pencil
3.	书包	（名）shūbāo	schoolbag
4.	里	（名）lǐ	in
5.	桌子	（名）zhuōzi	table
6.	啊	（叹）à	ah
7.	词典	（名）cídiǎn	dictionary
8.	下面（边）	（名）xiàmian(bian)	below; under
9.	哪里	（代）nǎli	where
10.	下	（名）xià	down

专有名词 Proper Nouns

1.	伦敦	Lúndūn	London

2. 苏州河   Sūzhōuhé   Suzhou River
3. 皮尔   Pí'ěr   *name of a person*

会话 Dialogues

1

Lǐ lǎoshī nǐ jiā zài nǎr
杰克： 李 老师，你 家 在 哪儿？

wǎ jiā zài xuéxiào pángbiān nǐ jiā zài shénme dìfang
李老师：我 家 在 学校 旁边。你 家 在 什么 地方？

wǒ jiā zài Lúndūn
杰克： 我 家 在 伦敦。

Lúndūn yǒu yì tiáo dà hé shì ma
李老师：伦敦 有 一 条 大 河，是 吗？

shìde
杰克： 是的。

Shànghǎi yě yǒu yì tiáo dà hé jiào
李老师：上海 也 有 一 条 大 河，叫

Sūzhōuhé hé shang yǒu hěn duō qiáo
苏州河。 河 上 有 很 多 桥。

2

wǒ de qiānbǐ zài nǎr
皮尔：我 的 铅笔 在 哪儿？

zàibuzài nǐde shūbāo li
杰克：在 不 在 你的 书包 里？

bú zài shūbāo li
皮尔：不 在 书包 里。

zhuōzi xiàmian yǒu méiyǒu
杰克：桌子 下面 有 没有？

méiyǒu à zài wǒde cídiǎn xiàmian
皮尔：没有。 啊， 在 我的 词典 下面。

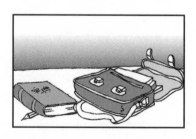

3

李老师: <ruby>玛丽<rt>Mǎlì</rt></ruby>，<ruby>杰克<rt>Jiékè</rt></ruby> <ruby>在<rt>zài</rt></ruby> <ruby>哪里<rt>nǎli</rt></ruby>？

玛丽: <ruby>他<rt>tā</rt></ruby> <ruby>在<rt>zài</rt></ruby> <ruby>宿舍<rt>sùshè</rt></ruby> <ruby>里<rt>li</rt></ruby>。

李老师: <ruby>皮尔<rt>Pí'ěr</rt></ruby> <ruby>也<rt>yě</rt></ruby> <ruby>在<rt>zài</rt></ruby> <ruby>宿舍<rt>sùshè</rt></ruby> <ruby>里<rt>li</rt></ruby> <ruby>吗<rt>ma</rt></ruby>？

玛丽: <ruby>不<rt>bù</rt></ruby>，<ruby>他<rt>tā</rt></ruby> <ruby>在<rt>zài</rt></ruby> <ruby>图书馆<rt>túshūguǎn</rt></ruby> <ruby>里<rt>li</rt></ruby>。

李老师: <ruby>谢谢<rt>xièxie</rt></ruby>！

玛丽: <ruby>不客气<rt>búkèqi</rt></ruby>。

句型 Sentence Structure

1

这是哪儿／哪里／
什么地方？
这是我们的学校。

2

学校里面有什么？
学校里面有很多树和花儿。

3

你们的学校在哪儿／
哪里／什么地方？
我们的学校在上海。

4

你们的学校在上海吗？／你们的学校在
不在上海？
是的，我们的学校在上海。
不，我们的学校不在上海，在北京。

5

你喜欢你的学校吗？／你喜（欢）
不喜欢你的学校？
是的，我（很）喜欢我的学校。
不，我不喜欢我的学校。

6

学校里面有河吗？／学校里面有没有河？
有。学校里面有两条河：一条大河和一条小河。
没有。学校里面没有河。

7

你们的学校有没有外国留学生？
有。我们的学校有很多中国学生，
还有很多外国留学生。

一 根据汉字写拼音 Write down the phonetics for the following characters

1. 旁边

2. 喜欢

3. 里面

4. 小桥

5. 图书馆

6. 大树

7. 外面

8. 地方

9. 学校

10. 宿舍

二 读读写写 Read and write

大树	大桥	小桥	小河
树的上面	桥的下面	学校里面	宿舍外面
喜欢学校	喜欢上海	喜欢花儿	喜欢学习
在上海	在宿舍里	在桥上	在树下
学校旁边	他的旁边	我家旁边	图书馆旁边

三 选择"还"或者"也"或量词填空 Fill in the blanks with 还，也 or measure words

1. 李老师有一个儿子，_____ 有一个女儿。

2. 我家在上海，他家 _____ 在上海。

3. 他有很多日语书，_____ 有很多英语书。

4. 桌子上有铅笔，_____ 有书包和本子。

5. 地图在词典旁边，课本 _____ 在词典旁边。

6. 学校里面有一 _____ 大河，_____ 有一 _____ 小河。大河上面有一 _____ 大桥，小河上面有一 _____ 小桥。

7. 大学里面有两 _____ 运动场和一 _____ 图书馆。

8. 我买两 _____ 日语书和一 _____ 本子。

四 问和答 Ask and answer

A 模仿例子回答问题 Answer the following questions according to the example

> 你家在上海吗？（东京）
>
> 不，我家不在上海，（我家）在东京。

你们的学校在北京吗？（上海）	你们的宿舍在图书馆旁边吗？（运动场）
他现在在公司里吗？（学校）	杰克的爸爸妈妈在不在中国？（英国）
你的桌子上面有报吗？（铅笔）	你的大学里面有没有英国留学生。（日本）
那座桥的旁边有没有花儿？（树）	你喜欢这本书吗？（那本书）

B 模仿例子写出问句 Construct questions on the following sentences according to the example

> 我家在上海。
>
> 你家在哪儿/哪里/什么地方？

1. 华东师范大学在上海。＿＿＿＿＿＿＿＿＿＿＿＿＿＿＿＿＿＿
2. 她有两个男朋友。＿＿＿＿＿＿＿＿＿＿＿＿＿＿＿＿＿＿＿
3. 有。我的公司里有外国人。＿＿＿＿＿＿＿＿＿＿＿＿＿＿
4. 铅笔在词典旁边。＿＿＿＿＿＿＿＿＿＿＿＿＿＿＿＿＿＿
5. 宿舍外面有运动场。＿＿＿＿＿＿＿＿＿＿＿＿＿＿＿＿＿
6. 不，我爸爸不在家。＿＿＿＿＿＿＿＿＿＿＿＿＿＿＿＿＿

7. 我喜欢北京的大学。_____

8. 弟弟在树的上面。_____

1. 你们的学校在哪里？我们的学校在 _____

2. 学校里面有什么？学校里面有 _____

3. 你的家（宿舍）在哪里？我的家（宿舍）在 _____

4. 你家旁边有河吗？_____

5. 你们的宿舍在图书馆的旁边吗？_____

6. 你喜欢学习汉语吗？_____

1. 杰克在不在宿舍里吗？

2. 河上有不有桥？

3. 我有汉语书，他还有汉语书。

4. 书包桌子的下面在。

5. 图书馆里面在很多人。

70

JICHU HANYU SISHI KE

我们的学校　　　　　　　　在河上

桥　　　　　　　　　　　　在大学旁边

图书馆外面　　　　　　　　有很多中国大学生和外国留学生

我的家　　　　　　　　　　在包里

词典　　　　　　　　　　　有一个运动场

杰克　　　　　　　　　　　在上海的旁边

苏州　　　　　　　　　　　在宿舍里面

八 模仿例子用加点词造句 Write sentences using the marked characters according to the example

1. 我们的学校**在**上海。
2. 我们的学校**有**很多中国学生，**还**有很多外国留学生。
3. 中国学生的宿舍在图书馆**旁边**。
4. 宿舍**外面**有一个运动场。
5. 我**很**喜欢我们的学校。

九 请你介绍一下你的学校，可以用下列词语 Introduce your school and you may use the words given below

学校、在、大、里面、外面、旁边、有、很多、还……

十 阅读或听力材料 Reading or listening materials

我 的 朋 友

　　我有很多外国朋友。皮尔是我的同屋，他是法国人。玛丽是我的同学，她是美国留学生。她的哥哥是大学的老师，也在中国，现在在北京大学。我还有一个日本朋友。他叫八木，是复旦大学的留学生。复旦大学也在上海。这两个学校都有很多外国留学生。

　　我和朋友们都很喜欢上海。

1. 同屋	（名）tóngwū	roommate
2. 同学	（名）tóngxué	classmate
3. 法国	Fǎguó	France
4. 八木	Bāmù	*a Japanese surname*
5. 北京大学	Běijīng Dàxué	Beijing University
6. 复旦大学	fuck Fùdàn Dàxué	Fudan University

熟读上文并标出声调，然后回答下列问题 Read the passage above and write down the corresponding tone-marks. Then answer the following questions

1. 皮尔是哪国人？

2. 玛丽是谁？

3. 玛丽的哥哥做什么工作？

4. 八木是哪个大学的留学生？

5. 八木是哪国人？

6. 他们喜不喜欢上海？

附　自然 Nature

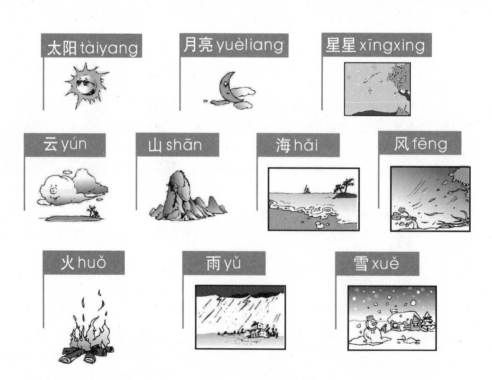

太阳 tàiyang　　月亮 yuèliang　　星星 xīngxing

云 yún　　山 shān　　海 hǎi　　风 fēng

火 huǒ　　雨 yǔ　　雪 xuě

汉字 Chinese Characters

偏旁 Radicals	名称 Names	例字 Examples
扌	提土旁 títǔpáng	场 地 块
又	又字旁 yòuzìpáng	对 欢 难
艹	草字头 cǎozìtóu	花 英 苏
辶	走之底 zǒuzhīdǐ	还 运 遍

注释 Notes

1 动词 "有" The verb 有

"有" 字句中的 "有" 还可以表示存在。

有 also can indicate existence.

宿舍外面有一个运动场。

2 动词 "在" The verb 在

动词 "在" 表示存在，"在" 的宾语一般指处所。

The verb 在 can indicate existence. Its object is usually a noun or a pronoun of place.

我们的学校在上海。

3 "也" 和 "还" 也 and 还

用 "也"，前后两个分句主要是表示联合的关系，两个分句的主语可以相同，也可以不同；用 "还"，前后两个分句是递进关系，主语一般必须相同。

也 connects two clauses with coordinate relation and the subjects may be the same or not; 还 connects two clauses with increasing relation and the subjects are the same.

我有一个姐姐，还有一个弟弟。

我有一个姐姐，他也有一个姐姐。

4 方位词 Nouns of locality

方位词是表示方向或位置的词。方位词有单音节的，如:上、下、里等等; 还有双音节的，如:上面（边）、下面（边）、里面（边）等等。双音节方位词用在名词后面时，"的"可以省略。

Nouns of locality indicate direction and location. There are two kinds of them: the monosyllabic ones, like 上，下,里 etc.; the disyllabic ones, like 上面，下面，里面, etc. When the disyllabic onesare followed by nouns, 的 is generally omitted.

LESSON 8

生词 New Words

1. 层	（量）	céng	*a measure word*; story
2. 楼房	（名）	lóufáng	building
3. 房间	（名）	fángjiān	room
4. 多	（数）	duō	more than; over
5. 每	（代）	měi	every; each
6. 住	（动）	zhù	to live
7. 楼	（名）	lóu	*a measure word*; floor
8. 洗	（动）	xǐ	to wash
9. 洗澡		xǐzǎo	to bath
10. 洗澡间	（名）	xǐzǎojiān	bathroom
11. 洗衣房	（名）	xīyīfáng	laundry
12. 厕所	（名）	cèsuǒ	toilet
13. 咖啡厅	（名）	kāfēitīng	café
14. 安静	（形）	ānjìng	quiet
15. 干净	（形）	gānjìng	clean
16. 张	（量）	zhāng	*a measure word*
17. 床	（名）	chuáng	bed
18. 把	（量）	bǎ	*a measure word*

19. 椅子	（名）	yǐzi	chair
20. 书架	（名）	shūjià	bookshelf
21. 衣柜	（名）	yīguì	wardrobe
22. 门	（名）	mén	door
23. 窗子	（名）	chuāngzi	window
24. 食堂	（名）	shítáng	canteen
25. 商店	（名）	shāngdiàn	shop
26. 生活	（名）	shēnghuó	life
27. 方便	（形）	fāngbiàn	convenient
28. 怎么样	（代）	zěnmeyàng	how about

课文 Text

wǒmen de sùshè shì yí zuò shíwǔ céng de lóufáng
我们 的 宿舍 是 一 座 十五 层 的 楼房。
↳ dormitory

lǐmian de fángjiān hěnduō yǒu liǎngbǎi duō ge měi ge
里面 的 房间 很多， 有 两百 多 个。 每 个
inside / 200 / hundreds

fángjiān zhù liǎng ge rén měi céng lóu dōu yǒu xǐzǎojiān
房间 住 两 个 人。 每 层 楼 都 有 洗澡间、

xǐyīfáng hé cèsuǒ yīlóu hái yǒu yí ge kāfēitīng
洗衣房 和 厕所。 一楼 还 有 一 个 咖啡厅。
↳ still

wǒ hé Pí'ěr zhù shí yī lóu
我 和 皮尔 住 十一 楼

yāoyāolíngqī hào fángjiān wǒmen
1107 号 房间。 我们

de fángjiān bú dà hěn ānjìng
的 房间 不 大， 很 安静，

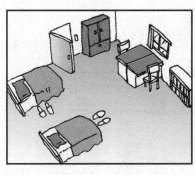

yě hěn gānjìng fángjiān lǐmian
也 很 干净。房间 里面

yǒu liǎng zhāng chuáng liǎng zhāng
有 两 张 床, 两 张

zhuōzi liǎng bǎ yǐzi háiyǒu yí ge
桌子, 两 把 椅子,还有 一 个

shūjià hé yí ge dà yīguì chuáng hé yīguì zài mén de
书架 和 一 个 大 衣柜。床 和 衣柜 在 门 的

pángbiān zhuōzi hé shūjià zài chuāngzi de pángbiān
旁边, 桌子 和 书架 在 窗子 的 旁边。

sùshè de pángbiān yǒu shítáng hé shāngdiàn wǒmen
宿舍 的 旁边 有 食堂 和 商店。 我们

de shēnghuó hěn fāngbiàn
的 生活 很 方便。

生词 New Words

1.	漂亮	（形）piàoliang	pretty
2.	公园	（名）gōngyuán	park
3.	那里	（代）nàli	there
4.	啊	（助）a	*used at the end of a sentence as a modal particle*
5.	进	（动）jìn	to enter
6.	真	（副）zhēn	really
7.	厨房	（名）chúfáng	kitchen
8.	卫生间	（名）wèishēngjiān	toilet

专有名词 Proper Nouns

中山公园	ZhōngshānGōngyuán	Zhongshan Park

1

zhè shì shénme dìfang `→ place`

王方: 这 是 什么 地方？

zhè shì wǒ Měiguó de dàxué `→ uni`

玛丽: 这 是 我 美国 的 大学。

nǐ de dàxué zěnmeyàng

王方: 你 的 大学 怎么样？

wǒ de dàxué hěn ānjìng yě hěn piàoliang `→ also`

玛丽: 我 的 大学 很 安静， 也 很 漂亮。

Zhōngguó liúxuéshēng duōbuduō

王方: 中国 留学生 多不多？ `→ foreign student`

bù duō

玛丽: 不 多。

2 `→ oh, it's you!`

Lǐ lǎoshī zài jiā ma

杰克: 李 老师 在 家 吗？

shì nǐmen a qǐngjìn qǐngjìn `→ please come in`

李老师: 是 你们 啊！请进， 请进！

nín de jiā zhēn gānjìng

玛丽: 您 的 家 真 干净。

nín de jiā yǒu jǐ ge fángjiān `on the top of that...`

杰克: 您 的 家 有 几 个 房间？

yīgòng yǒu sān ge fángjiān háiyǒu yí ge chúfáng hé yí ge `(all together)`

李老师: 一共 有 三 个 房间， 还有 一 个 厨房 和 一 个

wèishēngjiān

卫生间。

3

Mǎlì nǐ zhù nǎ ge fángjiān

杰克: 玛丽，你 住 哪 个 房间？

wǒ bú zhù liúxuéshēng sùshè wǒ zhù xuéxiào wàimian
玛丽: 我 不 住 留学生 宿舍,我 住 学校 外面,
zài Zhōngshān Gōngyuán pángbiān
在 中山 公园 旁边。
nàli zěnmeyàng
杰克: 那里 怎么样?

quiet
nàli yǒu hěnduō shāngdiàn bù ānjìng
玛丽: 那里 有 很多 商店, 不 安静。
shēnghuó fāngbiàn bu fāngbiàn = fangbian
杰克: 生活 方便 不 方便? ma
shēnghuó hěn fāngbiàn
玛丽: 生活 很 方便。

句型 Sentence Structure

1
你们的宿舍是一座多少层的楼房?
我们的宿舍是一座十五层的楼房。→ 1st sentence 1×1

2
房间里面有什么?
房间里面有两张床,两张桌子,两把椅子,还有一个书架和一个大衣柜。

3
里面的房间多吗?
里面的房间多不多?
里面的房间很多。
里面的房间不多。

4
每个房间住几个人?
几个人住一个房间?
每个房间住两个人。
两个人住一个房间。

5
这座楼房有多少个房间?
有两百多个房间。

6
你们的生活方便吗?
你们的生活方便不方便?
我们的生活很方便。
我们的生活不方便。

7
你们的房间怎么样?
我们的房间很安静,也很干净。
我们的房间不安静,也不干净。

8

每层楼都有厕所吗？
是的，每层楼都有厕所。

9

你住几号房间？
我住十一楼 1107 号房间。

练习 Exercises

一 根据汉字写拼音 Write down the phonetics for the following characters

1. 房间 _____

2. 桌子 _____

3. 干净 _____

4. 安静 _____

5. 生活 _____

6. 厕所 _____

7. 椅子 _____

8. 方便 _____

9. 洗澡间 _____

10. 咖啡厅 _____

二 读读写写 Read and write

椅子	桌子	柜子	窗子
每个房间	每层楼	每个人	每天
两个人	两张桌子	两把椅子	两个房间
真方便	真漂亮	真干净	真安静
三百多块	二十多个人	一百多天	两百多个房间
床和衣柜	门和窗	食堂和商店	厨房和卫生间

三 量词填空 Fill in the blanks with measure words

1. 他们公司有三 _____ 美国人。

2. 中山公园旁边有一 _____ 桥，还有一 _____ 河。

3. 这_____楼房很大，有四百多_____房间。

4. 房间里面有一_____床，床旁边有一_____桌子和两_____椅子。

5. 我们学校旁边有一_____大商店。

6. 一_____面包四_____五毛钱。

7. 每_____楼都有一_____洗衣房。

8. 杰克有一_____英语词典和一_____汉语词典。

9. 玛丽住八_____803_____房间。

10. 他的包里有一___报和一___地图。

四　问和答 Ask and answer

A　模仿例子回答问题 Answer the following questions according to the example

> 你的家大吗？（＋）我的家很大。
>
> 你的书多吗？（－）我的书不多。

你们的房间大不大？（－）	你们学校的外国留学生多不多？（＋）
这座大楼安静吗？（－）	这里的厕所干净不干净？（－）
你们的生活方便吗？（＋）	现在你忙不忙？（－）
中山公园漂亮吗?（＋）	你的身体好不好？（＋）

B　模仿例子回答问题 Answer the following questions according to the example

> 他住 204 房间，是吗？
>
> 是的，他住 204 房间。
>
> 不，他不住 204 房间，他住 1107 房间。

1. 大学的食堂很干净，是吗？

2. 他没有哥哥，是不是？

3. 他是你妹妹的老师，是吗？

4. 每层楼都有厕所，是不是？

5. 床上有衣服，是不是？

6. 桌子下面没有东西，是不是？

7. 你家在东京，是不是？

8. 你学习汉语，是吗？

五　改错　Rewrite the following sentences correctly

1. 这儿的厕所干净不干净吗？
2. 这座留学生楼有五楼。
3. 我们公司有一百个多人。
4. 都每个房间有卫生间。
5. 咖啡厅里有六张椅子。
6. 四楼 402 房间我住。
7. 椅子是桌子的旁边。
8. 这个公园是漂亮。

六　排列顺序　Arrange the following words in correct order

1. 旁边　　在　　　我　　　中山公园　　家
2. 没有　　这　　　个　　　厕所　　　房间　　里面
3. 家　　　她　　　房间　　三　　　　有　　　个　　　一共
4. 很　　　她　　　的　　　干净　　　妹妹　　房间
5. 住　　　李老师　1201 号　楼　　　十二　　房间
6. 座　　　层　　　这　　　大楼　　　一共　　八十八　有

7. 有　　汉语　　书架　　一百　　上　　本　　多　　书
8. 在　　窗子　　桌子　　床　　旁边　　和　　的

七 **模仿例子用加点词造句** Write sentences using the marked characters according to the example

1. 每层楼都有厕所。
2. 我和皮尔住十一楼 1107 号房间。
3. 我们的生活很方便。
4. 我的大学很安静，也很干净。
5. 这座宿舍里有两百多个房间。

八 **看图说话** Make a speech to describe the picture below

这个房间怎么样？

_____

_____

_____

_____

_____

_____

_____

九 **请你介绍一下你的房间，可以用下列词语** Introduce your room and you may use the words given below

住、楼、号、里面、旁边、有、在、桌子、椅子、床、书架、衣柜、干净、安静、门、窗子、卫生间……

这是谁的房间？

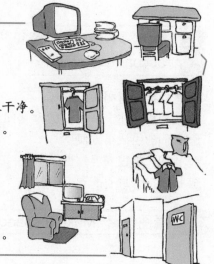

这是我和皮尔的房间。

这是我的桌子。我的桌子上面有一台电脑，还有很多书和词典。电脑和词典是我的好朋友。

那是皮尔的桌子。他的桌子上面没有东西，很干净。

这是我的衣柜。我的衣服很少，都在衣柜里面。

那是皮尔的衣柜。他的衣柜里面有很多衣服。他的床上也有很多衣服。

我们的房间里面还有一张沙发。窗子的旁边还有一台电视机和一个电话。

我们的房间里面没有卫生间。厕所在房间外面。

1. 台　　　　（量）tái　　　　*a measure word*
2. 电脑　　　（名）diànnǎo　　computer
3. 沙发　　　（名）shāfā　　　sofa
4. 电视机　　（名）diànshìjī　　TV set
5. 电话　　　（名）diànhuà　　telephone

熟读上文并标出声调，然后回答下列问题 Read the passage above and write down the corresponding tone-marks.Then answer the following questions

1. 杰克的同屋是谁？

2. 杰克的桌子上有什么？

3. 皮尔的桌子上有什么？

4. 皮尔的床上有什么？

5. 他们的房间里还有什么？

6. 厕所在哪里？

物品 Objects

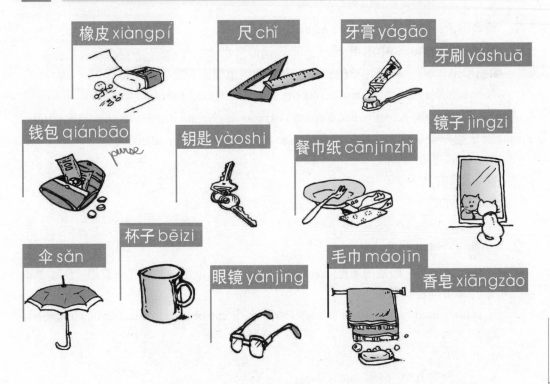

橡皮 xiàngpí

尺 chǐ

牙膏 yágāo

牙刷 yáshuā

钱包 qiánbāo

钥匙 yàoshi

餐巾纸 cānjīnzhǐ

镜子 jìngzi

伞 sǎn

杯子 bēizi

眼镜 yǎnjìng

毛巾 máojīn

香皂 xiāngzào

汉字 Chinese Characters

偏旁 Radicals	名称 Names	例字 Examples
木	木字旁 mùzìpáng	树 桥 楼
宀	宝盖头 bǎogàitóu	安 家 宿
广	广字头 guǎngzìtóu	店 座 庭
厂	厂字头 chǎngzìtóu	厕 厨 厅

注释 **Notes**

1 形容词谓语句 Sentences with adjectival predicate

形容词作谓语，句中不用"是"，形容词前常用"很"，它不一定表示程度很高很深。如果不用"很"，就有比较的意思。形容词谓语句的否定式是在形容词前加"不"。

The verb 是 is no longer used before the adjective in this kind of sentence. The adverb 很 is often used before the adjective and it doesn't express an obvious degree. The sentence implies a contrast if 很 is absent. The negtive form is to place 不 before the adjective.

这个房间很大。
这个房间不大。
这个房间大，那个房间小。

2 "几"和"多少" 几 and 多少

"几"和"多少"都是用来提问数目的。提问"10"以下的数目，一般用"几"；"多少"可以用来提问任何数目。

几 is often used to ask about numbers 1 to 9. 多少 can be used to ask about any numbers.

A: 你几岁？ *how old are you?*
B: 我六岁。
A: 这座楼房有多少个房间？
B: 这座楼房有三十个房间。

3 "多"表示概数。 *duō* "多" indicates approximate numbers

(1) 数词+多+量词： 数词为十位以上的整数

number + 多 + measure word: the number must be a whole number in units of ten

三十多本书
两百多个房间

(2) 数词+量词+多： 数词为个位数或带个位数的多位数

number + measure word + 多: the number can be any whole number except those in units of ten

三个多小时
一个多月

LESSON 9

生词 New Words

1. 天	（名）	tiān	day
2. 早上	（名）	zǎoshang	early morning
3. 点	（量）	diǎn	o'clock
4. 点钟	（名）	diǎnzhōng	o'clock sharp
5. 起床		qǐchuáng	to get up
6. 半	（数）	bàn	half
7. 早饭	（名）	zǎofàn	breakfast
8. 上午	（名）	shàngwǔ	morning
9. 刻	（量）	kè	a quarter of an hour
10. 午饭	（名）	wǔfàn	lunch
11. 中午	（名）	zhōngwǔ	noon
12. 下午	（名）	xiàwǔ	afternoon
13. 分	（量）	fēn	minute
14. 一起	（副）	yìqǐ	together
15. 复习	（动）	fùxí	to review
16. 课文	（名）	kèwén	text
17. 生词	（名）	shēngcí	new word
18. 作业	（名）	zuòyè	homework

19. 练习	（动、名）liànxí	to practice; exercise
20. 跑步	pǎobù	to run
21. 打	（动）dǎ	to play
22. 篮球	（名）lánqiú	basketball
23. 或者	（连）huòzhě	or
24. 游泳	yóuyǒng	to swim
25. 回	（动）huí	to return
26. 晚饭	（名）wǎnfàn	supper
27. 晚上	（名）wǎnshang	evening
28. 电视	（名）diànshì	television
29. 音乐	（名）yīnyuè	music
30. 聊天	liáotiān	to chat
31. 差	（动）chà	to lack; be short of
32. 睡觉	shuìjiào	to sleep
33. 时候	（名）shíhou	time

课文 Text

wǒ měitiān zǎoshang qī diǎn qǐchuáng
我 每天 早上 七 点 起床，

qī diǎn bàn chī zǎofàn
七 点 半 吃 早饭。

shàngwǔ bā diǎn sānkè shàngkè shí 'èr
上午 八 点 三刻 上课，十二

diǎn xiàkè shí 'èr diǎn bàn chī wǔfàn zhōngwǔ
点 下课。十二 点 半 吃 午饭。 中午

wǒ kàn bào hē kāfēi xiàwǔ yī diǎn sìshí fēn
我 看 报，喝 咖啡。下午 一 点 四十 分，

wǒ hé Pí 'ěr yìqǐ fùxí kèwén niàn shēngcí
我 和 皮尔 一起 复习 课文，念 生词，

zuò zuòyè xiě Hànzì hái liànxí shuō Hànyǔ
做　作业，写　汉字，还　练习　说　汉语。

sì diǎn zhōng wǒ hé péngyou yìqǐ pǎobù
四　点　钟　我　和　朋友　一起　跑步、

dǎ lánqiú huòzhě yóuyǒng liù diǎn zhōng
打　篮球　或者　游泳。六　点　钟

wǒ huí sùshè wǒ liù diǎn bàn chī wǎnfàn
我　回　宿舍。我　六　点　半　吃　晚饭。

wǎnshang wǒ kàn diànshì tīng yīnyuè
晚　上　我　看　电视、听　音乐
　　　　　　　　　　　　listen

huòzhě hé péngyou yìqǐ liáotiān wǒ měi
或者　和　朋友　一起　聊天。我　每

tiān líng diǎn chà shí fēn shuìjiào
天　零　点　差　十　分　睡觉。
　　　11.50

生词 New Words

1.	表	（名）biǎo	watch
2.	错	（形）cuò ∕duì	wrong ∕ right
3.	钟	（名）zhōng	clock
4.	包子	（名）bāozi	steamed stuffed bun
5.	稀饭	（名）xīfàn	rice porridge
6.	鸡蛋	（名）jīdàn	egg
7.	行	（动）xíng	OK; all right
8.	电影	（名）diànyǐng	movie
9.	开始	（动）kāishǐ	to begin
10.	吧	（助）ba *suggestion*	*a modal particle*

yè (page)
页

会话 Dialogues

1

杰克: Pí 'ěr qǐchuáng qǐchuáng
皮尔, 起床, 起床!

xiànzài jǐ diǎn *[what time is it now?]*
皮尔: 现在 几 点?

杰克: bā diǎn yí kè
八 点 一刻。

皮尔: nǐ de biǎo bú duì wǒ de biǎo shì chà wǔ fēn
你 的 表 不对, 我 的 表 是 差 五 分

bā diǎn
八 点。

杰克: wǒ de biǎo méi cuò nǐ kàn nàge zhōng yě shì bā diǎn yí kè *[also]*
我 的 表 没 错。你 看, 那个 钟 也 是 八 点 一刻。

2

皮尔: jīntiān de zǎofàn *[breakfast]* yǒu shénme
今天 的 早饭 有 什么?

杰克: niúnǎi *[milk]* miànbāo hái yǒu bāozi hé xīfàn *[porridge]*
牛奶、 面包, 还 有 包子 和 稀饭。

皮尔: yǒu méiyǒu jīdàn
有 没有 鸡蛋?

杰克: yǒu nǐ chī shénme
有。你 吃 什么?

皮尔: niúnǎi hé jīdàn nǐ ne
牛奶 和 鸡蛋。 你 呢?

杰克: wǒ chī miànbāo nǐ chī miànbāo ma
我 吃 面包。你 吃 面包 吗?

皮尔: miànbāo huòzhě bāozi dōu xíng
面包 或者 包子 都 行。
[both]

adv
v. bú v
negation of yǒu → méiyǒu
you méi zài? you ma?

zài ... de shíhou

3

jīntiān xuéxiào yǒu diànyǐng *Today there's a movie*
杰克: 今天　　学校　有　电影。
shénme shíhou kāishǐ
玛丽: 什么　　时候　开始?　*do you want to watch*
wǎnshang qī diǎn nǐ kànbukàn
杰克: 晚上　　　七　点。你　看不看?
nǐ kàn wǒ yě kàn Pí 'ěr ne
玛丽: 你看, 我　也　看。皮尔　呢?
nǐmen kàn ba wǒ bú kàn
皮尔: 你们　看　吧! 我　不　看。

句型 Sentence Structure

1
我吃牛奶和鸡蛋,你吃什么?
我吃牛奶和鸡蛋,你呢?
我吃面包。

2
晚上你做什么?
你晚上做什么?
晚上我看电视或者听音乐。
我晚上看电视或者听音乐。

3
下午你和谁一起复习课文?
你下午和谁一起复习课文?
下午我和皮尔一起复习课文。
我下午和皮尔一起复习课文。

4
你早上吃早饭吗?
你早上吃不吃早饭?
我早上吃早饭。
我早上不吃早饭。

5
你每天几点(钟)起床?
你每天什么时候起床?
我每天六点十分起床。

6
现在(是)几点(钟)?
现在(是)什么时候?
现在(是)九点二十分。

一 　根据汉字写拼音　Write down the phonetics for the following characters

1. 早上   2. 聊天

3. 作业   4. 或者

5. 晚上   6. 课文

7. 练习   8. 睡觉

9. 听音乐   10. 打篮球

二 　读读写写　Read and write

上午	下午	中午	午饭
早饭	做饭	晚饭	吃饭
一点钟	八点一刻	五点半	三点三刻
十点差五分	九点差三分	六点差四分	两点差六分
今天或者明天	跑步或者游泳	四点或者五点	聊天或者看报
一起吃晚饭	一起学习	一起打篮球	一起看电视

92

三 　把下面的时间换成另一种说法 Rewrite the following with a different form of time

> 十一点十五分 —— 十一点一刻
> 十点三刻 —— 十点四十五分
> 两点差一刻 —— 一点三刻

1. 十二点半   2. 七点一刻   3. 八点五十八分

4. 两点差五分   5. 四点三刻   6. 九点三十分

7. 一点十五分   8. 五点四十五分   9. 三点五十分

五 | 用动词填空 Fill in the blanks with verbs

1. 你喜不喜欢 _____ 篮球？

2. 我和中国朋友一起 _____ 汉语。

3. 我晚上 _____ 咖啡，_____ 音乐。

4. 我每天十二点一刻 _____ 午饭。

5. 你 _____ 不 _____ 作业？

6. 请你们 _____ 生词和课文。

7. 杰克每天 _____ 汉字。

8. 你什么时候 _____ 电视？

六 | 回答问题 Answer the following questions

1. 你每天早上几点起床？ _____

2. 你几点吃早饭？吃什么？ _____

3. 你上午几点上课？几点下课？ _____

4. 你每天上午做什么？ _____

5. 你什么时候吃午饭？ _____

6. 中午你做什么？ _____

7. 每天下午你做什么？你下午学习汉语吗？ _____

8. 你每天晚上做什么？看不看电视？ _____

第 九 课 我的一天

93

Describe a day of my life) 5 sentences

9. 每天晚上你几点睡觉？_____

10. 星期六和星期天你做什么？_____

七　排列顺序 Arrange the following words in correct order

1. 五分	起床	八点	我	早上	差	每天
2. 和	朋友	聊天	我	一起	喜欢
3. 电影	八点三刻	有	学校	晚上	今天
4. 课文	和	我	一起	皮尔	复习	下午
5. 玛丽	跑步	上午	或者	星期六	游泳
6. 晚饭	晚上	或者	六点半	吃	我们	六点

八　根据实际情况填写这张表　Fill in the form below

我的一天

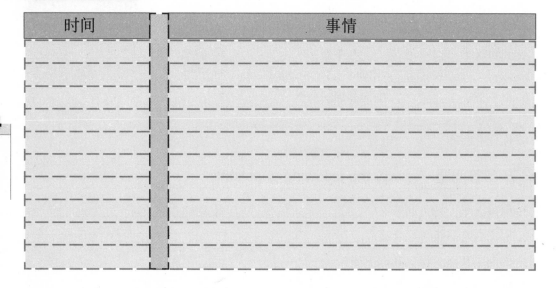

时间	事情

九　模仿例子用加点词造句 Write sentences using the marked characters according to the example

1. 我和皮尔一起复习课文。
2. 下午我打篮球或者游泳。

3. 我每天十二点差十分睡觉。

4. 电影什么时候开始？

5. 我每天早上七点起床。

十 根据第八题的表格写一篇短文《我的一天》，可以用下面的词语 Write a passage according to the form above and you may use the words given below

每天、早上、中午、下午、晚上、起床、吃饭、睡觉、上课、点、分、刻、差、和…一起、或者、还……

十一 阅读或听力材料 Reading or listening materials

玛丽的一天

玛丽住在学校的外面。她家旁边有一个漂亮的公园。每天早上玛丽六点半起床，去公园跑步。她七点半吃早饭。早饭是面包和牛奶。她也很喜欢中国的包子和稀饭。

今天上午玛丽学习写汉字。汉字很难，她不喜欢写汉字。十二点下课，她和朋友一起吃饭、聊天。下午她复习课文、看书、喝咖啡。

晚上六点玛丽和同学一起去李老师的家。他们一起吃晚饭，看电视。他们都很高兴。玛丽九点三刻回家。十一点她洗澡，睡觉。

| 高兴 | （形）gāoxìng | glad; pleased; cheerful |

熟读上文并标出声调,然后选出正确答案 Read the passage above and write down the corresponding tone-marks.Then choose the correct answer

1. 玛丽住在哪儿？

   A. 公园里面   B. 公园旁边   C. 学校里面   D. 学校旁边

2. 玛丽早上几点起床？

   A. 六点   B. 六点二十分   C. 六点三十分   D. 六点四十分

3. 玛丽早上吃什么？

    A. 面包和包子　　　　B. 包子和稀饭　　　　C. 牛奶和包子　　　　D. 面包和牛奶

4. 玛丽今天下午做什么？（多项选择）

    A. 跑步　　　　　　　B. 喝咖啡　　　　　　C. 吃饭　　　　　　　D. 写汉字

    E. 看书　　　　　　　F. 看电视　　　　　　G. 复习课文　　　　　H. 聊天

5. 今天晚上玛丽去哪儿？

    A. 李老师的家　　　　B. 同学的家　　　　　C. 王老师的家　　　　D. 朋友的家

6. 玛丽几点回家？

    A. 九点一刻　　　　　B. 十点差一刻　　　　C. 十一点　　　　　　D. 九点三十分

附　运动 Sports

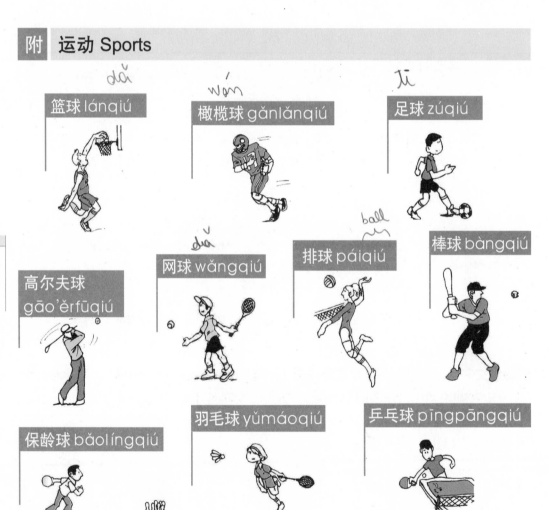

篮球 lánqiú
橄榄球 gǎnlǎnqiú
足球 zúqiú
网球 wǎngqiú
排球 páiqiú
棒球 bàngqiú
高尔夫球 gāo'ěrfūqiú
保龄球 bǎolíngqiú
羽毛球 yǔmáoqiú
乒乓球 pīngpāngqiú

汉字 Chinese Characters

偏旁 Radicals	名称 Names	例字 Examples
囗	方框 fāngkuāng	园　国　图
口	口字旁 kǒuzìpáng	喝　和　吗
日	日字旁 rìzìpáng	时　明　晚
氵	三点水 sāndiǎnshuǐ	漂　洗　海

注释 Notes

1 动词谓语句 Sentence with a verbal predicate

动词如果带宾语，宾语一般在动词的后边。

If the verb takes an object, the object is usually placed after the verb.

我吃早饭。

2 名词谓语句 Sentence with a nominal predicate

谓语一般限于表示年龄、日期、数量、籍贯等，否定式要在名词谓语前面加"不是"。

The predicate generally indicates age, date, amount of money, native place, etc. The negative form is to place 不是 before the predicate.

现在八点一刻。

今天不是星期三。

3 用"呢"的疑问句 The interrogative sentence ending with 呢

在一定的上下文中，"呢"可用在代词、名词或名词性词组后面，省略与上文相同的谓语部分。

呢 can be used after the noun, pronoun or nominal phrases to omit the predicate which is same as before.

我吃面包，你呢(你吃什么)？

4 时间状语一般在主语后面，修饰谓语；有时为了强调时间，也可以把它放在主语前面，修饰全句；不可放在句尾；在用"几点"提问时一般不能放在主语前面。

The adverbial of time modifying the predicate generally follows the subject. Sometimes in order to emphasize the time, it can be put before the subject to modify the whole sentence. When 几点 is used in a question, it cannot be put before the subject.

√你几点去？　　×几点你去？

LESSON 10

生词 New Words

1. 班	（名、量）bān	class
2. 同学	（名）tóngxué	classmate
3. 教室	（名）jiàoshì	classroom
4. 教	（动）jiāo	to teach
5. 节	（量）jié	*a measure word*
6. 小时	（名）xiǎoshí	hour
7. 以后	（名）yǐhòu	after
8. 休息	（动）xiūxi	to rest
9. 有时候	yǒushíhou	sometimes
10. 旧	（形）jiù	old
11. 预习	（动）yùxí	to prepare lessons before class
12. 新	（形）xīn	new
13. 录音	（名、动）lùyīn	record; to record
14. 常常	（副）chángcháng	often
15. 辅导	（动）fǔdǎo	to coach; to give guidance in study
16. 问题	（名）wèntí	question; problem

17.	玩儿	（动）wánr	to play
18.	运动	（名、动）yùndòng	sports
19.	锻炼	（动）duànliàn	to do physical training
20.	身体	（名）shēntǐ	body
21.	分钟	（名）fēnzhōng	minute
22.	以前	（名）yǐqián	before
23.	散步	sànbù	to take a walk
24.	星期日	（名）xīngqīrì	Sunday
25.	唱	（动）chàng	to sing
26.	歌	（名）gē	song
27.	跳舞	tiàowǔ	to dance
28.	愉快	（形）yúkuài	pleased; happy
29.	长	（形）cháng	long
30.	多长	duōcháng	how long
31.	时间	（名）shíjiān	time

课文 Text

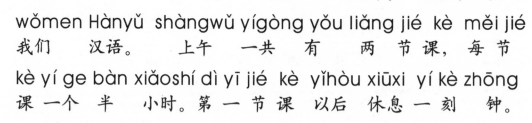

wǒmen bān yǒu shíwǔ ge
我们 班 有 十五 个
tóngxué měitiān shàngwǔ wǒmen
同学。 每天 上午 我们
zài jiàoshì li shàngkè lǎoshī jiāo
在 教室 里 上课。 老师 教
wǒmen Hànyǔ shàngwǔ yígòng yǒu liǎng jié kè měi jié
我们 汉语。 上午 一共 有 两 节课, 每节
kè yí ge bàn xiǎoshí dì yī jié kè yǐhòu xiūxi yí kè zhōng
课 一个 半 小时。第 一 节 课 以后 休息 一 刻 钟。

xiàwǔ méiyǒu kè wǒmen yǒushíhou zài jiàoshì li fùxí
下午　没有　课。我们　　有时候　　在　教室　里复习

jiù kè huòzhě yùxí xīn kè yǒushíhou zài fángjiān li kàn
旧 课　或者　预习 新 课，有时候　　在　　房间　里　看

shū huòzhě tīng lùyīn lǎoshī chángcháng hé wǒmen
书　　或者　听　录音。老师　　常常　　　和　我们

yìqǐ shuō Hànyǔ hái fǔdǎo wǒmen
一起　说　汉语，还　辅导　我们。

　　měi ge xīngqīyī xīngqīsì xiàwǔ wǒ jiāo Zhōngguó
　每 个　星期一、星期四　　下午，我　教　　中国

xuéshēng Yīngyǔ jiāo liǎng ge xiǎoshí tāmen chángcháng
学生　　英语，教　两 个　小时。　他们　　常常

wèn wǒ hěnduō wèntí wǒ yě
问　我　很多　问题。我 也

chángcháng hé tāmen yìqǐ
常常　　　和　他们　一起

wánr
玩儿。

　　wǒ hěn xǐhuan yùndòng měitiān duànliàn shēntǐ
　我　很　喜欢　运动，　每天　锻炼　身体

duànliàn sìshí fēnzhōng duànliàn yǐhòu wǒ zài sùshè li
锻炼　四十　分钟。　锻炼　以后，我 在　宿舍 里

xǐzǎo chī wǎnfàn yǐqián wǒ chángcháng zài xuéxiào li
洗澡。吃　晚饭　以前，我　常常　　在　学校 里

sànbù
散步。

wǒmen měige xīngqī shàng wǔ tiān kè xiūxi liǎng
我们 每个 星期 上 五 天 课，休息 两

tiān xīngqī liù, hé xīngqī rì wǒmen chángcháng zài
天。 星期 六 和 星期 日，我们 常常 在

xuéxiào wàimian wánr chànggē tiàowǔ huòzhě kàn
学校 外面 玩儿， 唱歌、 跳舞 或者 看

diànyǐng
电影。

wǒmen de xuéxí shēnghuó hěn yúkuài
我们 的 学习 生活 很 愉快。

生词 New Words

1. 睡	（动）shuì	to sleep
2. 钟头	（名）zhōngtóu	hour
3. 词	（名）cí	word
4. 意思	（名）yìsi	meaning
5. 哦	（叹）ò	Oh
6. 了	（助）le	used after a verb or adjective to indicate completion of work or change
7. 请问	qǐngwèn	excuse me; may I ask...
8. 踢	（动）tī	to kick
9. 足球	（名）zúqiú	football
10. 球	（名）qiú	ball

会话 Dialogues

1

Pí'ěr nǐ měitiān shuìjiào shuì jǐ ge zhōngtóu

李老师: 皮尔，你 每天 睡觉 睡几个 钟头？

lǎoshī zhōngtóu zhè ge cí shì shénme yìsi

皮尔: 老师， "钟头" 这 个 词 是 什么 意思？

zhōngtóu yě shuō xiǎoshí

李老师: "钟头" 也 说 "小时"。

ò wǒ dǒng le wǒ měitiān shuì

皮尔: 哦，我 懂 了。我 每天 睡

bā ge zhōngtóu

八 个 钟头。

bù Lǐ lǎoshī tā měitiān shuì shí'èr ge xiǎoshí

杰克: 不，李 老师，他 每天 睡 十二个 小时。

2

qǐngwèn Jiékè zài ma

王方: 请问， 杰克 在 吗？

tā bú zài tā zài yùndòngchǎng shang tī zúqiú

皮尔: 他 不 在。他 在 运动场 上 踢 足球。

tā tīqiú tī duōcháng shíjiān

王方: 他 踢球 踢 多长 时间？

yí ge xiǎoshí ba

皮尔: 一 个 小时 吧。

xièxie yí ge xiǎoshí yǐhòu wǒ zài lái

王方: 谢谢! 一 个 小时 以后 我 再 来。

3

Mǎlì nǐ měitiān xiàwǔ zuò shénme
皮尔：玛丽，你 每天 下午 做 什么？

wǒ zuò zuòyè wǒmen de zuòyè hěn duō
玛丽：我 做 作业。我们 的 作业 很 多。

nǐ zuò zuòyè zuò duōcháng shíjiān
皮尔：你 做 作业 做 多长 时间？

wǒ chángcháng zuò yí ge duō xiǎoshí yǒushíhou liǎng ge
玛丽：我 常常 做 一个 多 小时，有时候 两 个

xiǎoshí nǐ ne
小时， 你 呢？

wǒ bù xǐhuan zuò zuòyè
皮尔：我 不 喜欢 做 作业。

句型 Sentence Structure

1
同学们在教室里做什么？
同学们在教室里上课。

2
老师教你们什么？
老师教我们汉语。

3
同学们在不在教室里听录音？
同学们不在教室里听录音，他们
在房间里听录音。

4
吃晚饭以前，你们常常做什么？
吃晚饭以前，我们常常在校园里
散步。

5
上午同学们什么时候休息？
他们下课以后休息。

6
老师问谁问题？
老师问我们问题。

7
你们每天锻炼身体锻炼多长时间？
我们每天锻炼身体锻炼一个小时。
我们每天锻炼一个小时（的）身体。

8
每节课以后同学们休息多长时间？
每节课以后同学们休息十五分钟。

练习 Exercises

一 根据汉字写拼音 Write down the phonetics for the following characters

1. 小时 _____   2. 以后 _____

3. 休息 _____   4. 问题 _____

5. 唱歌 _____   6. 分钟 _____

7. 散步 _____   8. 跳舞 _____

9. 教室 _____   10. 意思 _____

二 读读写写 Read and write

睡觉以前	上课以前	吃饭以前	看书以前
常常学习	常常运动	常常锻炼	常常玩儿
教我们汉语	教他们英语	问我们问题	辅导我们汉语
在教室里上课	在房间里看书	在学校外面玩儿	在宿舍里洗澡
看半个小时	吃二十分钟	睡八个小时	休息两天
看书看半个小时	吃饭吃二十分钟	睡觉睡八个小时	
上三个小时课	看一刻钟电视	学两个小时汉语	

105

三 请写出下面表示时点和时段的词语 Write the following time using Chinese characters

1：00 _____   2：00 − 3：00 _____

2：30 _____   4：00 − 6：30 _____

5：45 _____   4：15 − 10：00 _____

6：55 _____   5：05 − 12：00 _____

3：10 _____   1：10 − 4：20 _____

填入适当的时间或者地点 Fill in the blanks with time or places

1. 下午 _____ 我们在 _____ 打篮球。我常常打 _____ 或者 _____
2. 皮尔每天在 _____ 听 _____ 音乐。
3. 玛丽的哥哥在 _____ 教中国学生英语，每天上午教 _____。
4. _____ 我在 _____ 洗衣服。
5. 杰克在 _____ 洗澡。
6. 早上 _____ 玛丽在 _____ 跑步。她每天跑 _____
7. 下课 _____ 老师在 _____ 辅导我们。
8. 我的妹妹在 _____ 睡觉。她每天睡 _____
9. 每天 _____ 我们在 _____ 学习汉语。
10. 晚饭 _____，我在 _____ 看 _____ 电视。

五 回答问题 Answer the following questions

1. 你每天什么时候上课？ _____
2. 上午你一共上几节课？ _____
3. 每节课有多长时间？ _____
4. 每节课以后休息多长时间？ _____
5. 你每天写汉字吗？你写多长时间？ _____
6. 你复习汉语复习多长时间？ _____
7. 你看不看电视？你看电视看多长时间？ _____
8. 你每天锻炼身体吗？你锻炼身体锻炼多长时间？ _____
9. 每天睡觉以前你做什么？ _____
10. 每天你什么时候睡觉？睡多长时间？ _____

六 改错 Rewrite the following sentences correctly

1. 现在是四个点半。
2. 四点钟三十分我们锻炼身体。
3. 我们跑步两点钟。
4. 我们下午学习一个小时半英语。
5. 一节课有四十五分。
6. 我们听音乐在咖啡厅里。
7. 我唱歌和皮尔一起。

8. 昨天玛丽和杰克看电影晚饭以后。
9. 他休息以后，他复习课文。
10. 我们和他们一共跳舞。

| 七 | 模仿例子看图写句子 Write sentences for each of the pictures below according to the example |

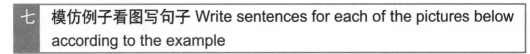
下午四点杰克在图书馆里看书。
杰克看书看一个半小时。

| 八 | 模仿例子用加点词造句 Write sentences using the marked characters according to the example |

1. 我常常在学校里散步。
2. 下课以后，他在房间里听录音。
3. 睡觉以前，我洗澡。
4. 杰克有时候打篮球，有时候踢足球。
5. 你每天学习汉语学习多长时间？

| 九 | 这是一个中国小学生的生活，说一说他的生活怎么样，再说说你的生活 Below is a timetable of a Chinese pupil. Make comments on his life and yours |

张小天的学习生活

6：50	起床
7：00—7：15	吃早饭
7：20—7：45	读英语
8：30—11：30	上课
11：45—12：15	吃午饭
13：00—13：30	休息
13：30—15：00	上课
15：30—17：00	做作业、家庭教师辅导或者在老师家里学习音乐
17：00—18：00	看电视或者玩儿
18：10—18：30	吃晚饭
18：30以后	练习写字、看书或者玩电脑
22：00	睡觉

＋　游戏　Game

同学们在纸片上写名字、地点、事情，然后老师把这些纸片分成三类，让同学在每一类中抽取一张并按名——地——事念一念，可能会有很有趣的事情发生。

＋一　阅读或听力材料　Reading or listening materials

皮尔的一个星期

星期一晚上，皮尔在房间里看电视。他喜欢足球。有时候他看一个晚上足球。

星期二下午，皮尔在图书馆里上网。他在网上和他的法国朋友聊天。他们常常聊一个下午。

星期三晚上，皮尔在电影院里看电影。

星期四下午，皮尔和朋友一起游泳游一个小时。游泳以后，他们在酒吧里喝酒。

星期五晚上，皮尔去跳舞。皮尔很喜欢跳舞，他常常跳一个晚上，星期六早上回宿舍。

星期六，皮尔在房间里睡觉。下午起床以后，他在咖啡厅里喝咖啡。晚上和朋友去学校外面吃饭。

星期天晚上，皮尔在房间里做作业，做很长时间。

皮尔很忙，也很快乐。

1. 上网   shàngwǎng   to surf the Internet
2. 酒吧   （名）jiǔbā   bar
3. 酒   （名）jiǔ   alcoholic drink; wine
4. 电影院   （名）diànyǐngyuàn   cinema
5. 快乐   （形）kuàilè   happy

熟读上文并标出声调，然后根据文章完成下列表格 Read the passage above and write down the corresponding tone-marks. Then fill in the form below according to the passage above

	下午	晚上
星 期 一		
星 期 二		
星 期 三		
星 期 四		
星 期 五		
星 期 六		
星 期 日		

附 | 动作 Actions

走 zǒu   坐 zuò   站 zhàn   躺 tǎng   跑 pǎo

 爬 pá

 骑 qí

 跳 tiào

 踢 tī

 飞 fēi

汉字 Chinese Characters

偏旁 Radicals	名称 Names	例字 Examples
王	王字旁 wángzìpáng	现　玩　球
心	心字底 xīnzìdǐ	思　怎　息
钅	金字旁 jīnzìpáng	钟　银　钱
忄	竖心旁 shùxīnpáng	愉　快　懂

注释 Notes

1　介词结构 The prepositional phrase

介词结构一般放在动词前作状语。如果一个句子里既有时间状语，又有地点状语，时间状语一般在前。

The prepositional phrase used as an adverbial is usually before a verb. If there are both adverbials of time and place in a sentence, the adverbial of time often precedes the adverbial of place.

我们每天上午在教室里上课。

2 "时点"和"时段" Point of time and duration of time

"点、点钟、刻、分"是"时点"，指的是"什么时候"，位置既可在谓语前，也可在主语前。

点, 点钟, 刻 and 分 indicating "when" can be placed either before or after the subject.

我八点起床。

中午十二点我吃晚饭。

"小时、钟头、刻钟、分钟"是"时段"，指的是"多长时间"，用于动词后。

小时, 钟头, 刻钟 and 分钟 indicating "how long" are often used as a complement.

我每天睡八个小时。

我做半个小时作业。

3 时量补语 The complement of duration

时量补语表示一个动作或一种状态持续多长时间, 放在动词后面。如果动词后面带有宾语，一般要重复动词，时量补语放在重复的动词后面。

The complement of duration indicates the length of time an action or a state lasts. It is used after the verb. When the verb takes an object, the verb is usually repeated and the complement of duration is put after the repeated verb.

我锻炼身体锻炼四十分钟。

如果宾语不是人称代词，时量补语可以放在动词和宾语中间, 时量补语和宾语中间可以加"的"。

If the object is not a personal pronoun, the complement of duration can be put between the verb and the object which is sometimes preceded by 的.

我锻炼四十分钟(的)身体。

4 "洗澡、睡觉、游泳、跑步、散步、考试、起床"等所谓离合词，实际上具有动词的性质，通常为动宾或动补结构, 常作谓语, 在本书中都不标注词性。

Words like 洗澡、睡觉、游泳、跑步、散步、考试、起床 and so on, which have a verb-object and verb-complement structure, are often used as a predicate like a verb. Their syntactical functions will not be mentioned in this text.

LESSON 11

生词 New Words

1. 对面	（名）	duìmiàn	opposite
2. 超市	（名）	chāoshì	supermarket
3. 太	（副）	tài *(wǎn le) really late*	too
4. 但是	（连）	dànshì	but
5. 少	（形）	shǎo	few; little
6. 用	（动）	yòng	to use
7. 水果	（名）	shuǐguǒ	fruit
8. 非常	（副）	fēicháng	very; extremely
9. 好吃	（形）	hǎochī	delicious
10. 便宜	（形）	piányi	cheap
11. 售货员	（名）	shòuhuòyuán	shop assistant
12. 认识	（动）	rènshi	to know
13. 一些	（量）	yìxiē	some
14. 简单	（形）	jiǎndān	simple
15. 瓶	（量、名）	píng	*a measure word*; bottle
16. 啤酒	（名）	píjiǔ	beer
17. 斤	（量）	jīn	*jīn(=1/2 kilogram)*
18. 公斤	（量）	gōngjīn	kilogram

19. 苹果	（名）píngguǒ	apple
20. 支	（量）zhī	*a measure word*
21. 等	（助）děng	etc.; and so on
22. 书店	（名）shūdiàn	bookstore
23. 报纸	（名）bàozhǐ	newspaper
24. 杂志	（名）zázhì	magazine
25. 中文	（名）Zhōngwén	Chinese
26. 英文	（名）Yīngwén	English
27. 日文	（名）Rìwén	Japanese

课文 Text

wǒmen xuéxiào duìmiàn yǒu yí ge chāoshì nà ge
我们 学校 对面 有 一个 超市。那 个

chāoshì bú tài dà dànshì dōngxi hěn duō yǒu bù shǎo
超市 不太大，但是 东西 很 多。有 不 少

chī de dōngxi hái yǒu hěn
吃 的 东西， 还 有 很

duō yòng de dōngxi wǒ
多 用 的 东西。我

měitiān dōu qù chāoshì mǎi
每天 都 去 超市 买

dōngxi nàli de shuǐguǒ hé miànbāo fēicháng hǎochī
东西。 那里 的 水果 和 面包 非常 好吃，

yě hěn piányi chāoshì de shòuhuòyuán dōu rènshi wǒ
也 很 便宜。 超市 的 售货员 都 认识我。

tāmen chángcháng jiāo wǒ yìxiē jiǎndān de Hànyǔ liǎng
她们 常常 教 我 一些 简单 的 汉语："两

píng píjiǔ　yì jīn píngguǒ　yì zhī qiānbǐ　děngděng
瓶　啤酒"、"一 斤　苹果"、"一 支　铅笔"　　等等。

wǒ měitiān xuéxí　hěnduō shēngcí
我　每天　学习　很多　生词。

　　chāoshì pángbiān yǒu　yí　ge shūdiàn shūdiàn li yǒu
　　超市　旁边　有 一 个　书店。书店　里有

hěnduō xīnshū háiyǒu bàozhǐ
很多　　新书，还有　报纸

hé zázhì Zhōngwén de
和 杂志。中文　的、

Yīngwén de　Rìwén　de　dōu
英文　的、日文　的 都

yǒu nà　ge shūdiàn hěn xiǎo　　dànshì mǎi shū de rén
有。那 个　书店　很 小，　但是　买 书 的 人

fēicháng duō　wǒ yě chángcháng zài nàr mǎi Yīngwén
非常　多。我 也　常常　　在 那儿 买　英文

bào hé Hànyǔ shū
报 和 汉语 书。

生词 New words

1. 要	（动、助动）yào	to want; to ask; should
2. 件	（量）jiàn	a measure word (upper clothes)
3. 衬衣	（名）chènyī	shirt
4. 颜色	（名）yánsè	colour
5. 红	（形）hóng	red
6. 白	（形）bái	white

7. 黄	（形）	huáng	yellow
8. 蓝	（形）	lán	blue
9. 绿	（形）	lǜ	green
10. 还是	（连）	háishì	or
11. 给	（动）	gěi	to give
12. 号	（名）	hào	size
13. 试	（动）	shì	to try
14. 合适	（形）	héshì	suitable
15. 别的	（代）	biéde	other
16. 双	（量）	shuāng	*a measure word*; pair
17. 鞋子	（名）	xiézi	shoes
18. 皮鞋	（名）	píxié	leather shoes
19. 黑	（形）	hēi	black
20. 穿	（动）	chuān	to wear
21. 换	（动）	huàn	to change
22. 等	（动）	děng	to wait
23. 不错	（形）	búcuò	good
24. 找（钱）	（动）	zhǎo(qián)	to give change
25. 欢迎	（动）	huānyíng	to welcome *(guāng lín)*
26. 下	（名）	xià	next
27. 次	（量）	cì	time

tiáo (leave daling)

会话 Dialogues

(Jiékè hé Pí'ěr zài shāngdiàn li)
（杰克 和 皮尔 在 商店 里）
in

nǐmen yào mǎi shénme
售货员: 你们 要 买 什么?

wǒ yào mǎi yí jiàn chènyī *shirt*
皮尔: 我 要 买 一 件 衬衣。

yào shénme yánsè de
售货员: 要 什么 颜色 的?
colour

nǐmen yǒu shénme yánsè de ① key sentence

皮尔： 你们 有 什么 颜色 的？

hóng de bái de huáng de lán de

售货员： 红 的、 白的、 黄 的、 蓝 的、

lǜ de dōu yǒu. nǐ yào nǎ yí jiàn?

绿 的 都 有。 你 要 哪 一 件？

yào zhè jiàn, háishì yào nà jiàn?

要 这 件， 还是 要 那 件？

gěi wǒ nà jiàn lán de, wǒ kànkan.

皮尔： 给 我 那 件 蓝 的，我 看看。

zhè jiàn shì dà hào de qǐng nǐ shìshi

售货员： 这 件 是 大 号 的，请 你 试试。

bú dà bù xiǎo, hěn héshì. duōshao qián? ② key sent

皮尔： 不 大 不 小， 很 合适。 多少 钱？

bāshí wǔ kuài. nǐmen hái yào bié de dōngxi ma ③

售货员： 八十 五 块。 你们 还 要 别 的 东西 吗？

wǒ yào mǎi yì shuāng xiézi. shoes

杰克： 我 要 买 一 双 鞋子。

sports yùndòng xié shoe háishì píxié ④

售货员： 运动 鞋 还是 皮鞋？

wǒ yào hēisè de yùndòngxié

杰克： 我 要 黑色 的 运动鞋，

nǐmen yǒu méiyǒu?

你们 有 没有？

yǒu nín chuān duōdà de

售货员： 有。 您 穿 多大 的？

wǒ chuān sìshíwǔ hào de

杰克： 我 穿 45 号 的。

zhè shuāng zěnmeyàng qǐng shì yi shì ⑤

售货员： 这 双 怎么样？ 请 试 一 试。

tài xiǎo le huàn yì shuāng dà de hǎo ma ⑥

杰克： 太 小 了，换 一 双 大 的， 好 吗？

hǎo de qǐng děng yi děng zhè shuāng zěnmeyàng

售货员： 好 的，请 等 一 等。 这 双 怎么样？

	búcuò hěn héshì duōshao qián
杰克:	不错, 很 合适。多少 钱?

yì bǎi wǔshí kuài yì shuāng
售货员: 一 百 五十 块 一 双。

bú tài guì
杰克: 不 太 贵。

chènyī hé xiézi yígòng liǎng bǎi sānshí wǔ yuán ⑦
售货员: 衬衣 和 鞋子 一共 两 百 三十 五 元。

gěi nín sān bǎi kuài
杰克、皮尔: 给 您 三 百 块。

zhǎo nǐmen liùshí wǔ kuài ⑧
售货员: 找 你们 六十 五 块。

hǎo xièxie zàijiàn
杰克、皮尔: 好, 谢谢, 再见!

zàijiàn huānyíng xià cì zài lái ⑨
售货员: 再见! 欢迎 下 次 再 来。

句型 Sentence Structure

1 这个超市不太大, 但是东西很多。

2 我去商店买东西。

3 我要买一件衬衣。
我要黑色的运动鞋。

4 你要不要买皮鞋?/ 你要买皮鞋吗?
我不要买皮鞋。我要买运动鞋。

5 你要买运动鞋还是皮鞋?
我要买运动鞋。

6 中文的、英文的、日文的都有。
红的、白的、黄的、蓝的、绿的都有。

7 这个超市里有吃的东西, 有用的东西。
这个书店很小,但是买书的人非常多。

8 给我那件蓝的, 我看(一)看。
请试(一)试!

一 内容理解 Comprehension

A 根据课文内容判断句子的对错 Decide whether the following sentences are true or false according to the text

1. 这个超市在学校旁边。 （　　）
2. 这个超市很大，有很多吃的东西。 （　　）
3. 我有时候去超市买东西。 （　　）
4. 超市里的水果和面包很好吃，但是不太便宜。 （　　）
5. 我认识超市的售货员，她们是我的汉语老师。 （　　）
6. 书店在学校对面。 （　　）
7. 书店里没有外文书。 （　　）
8. 这个书店不大，但是买书的人很多。 （　　）

B 根据会话填写下列表格 Fill in the form below according to the dialogue

rénwù 人物	shùliàng 数量	hàomǎ 号码	yánsè 颜色	huòwù míngchēng 货物名称	jiàgé 价格
杰克					
皮尔					

二 读读写写 Read and write

红色	蓝色	黄色	绿色
吃的东西	用的东西	买书的人	看报的人
换鞋	换钱	换车	换教室
商店	鞋店	花店	书店
非常好吃	非常多	太小了	太贵了
试一试	看一看	听一听	等一等

请用 "还是" 完成下面的练习 Complete the following exercises with 还是

A 根据例句进行会话 Create dialogues according to the example

> 房间　　你的　　你姐姐的
> A: 这个房间是你的还是你姐姐的？
> B: 这个房间是我的。

1. 衬衣　　　　　　新的　　　　　　　旧的

   _____

2. 杂志　　　　　　英文的　　　　　　中文的

   _____

3. 宿舍　　　　　　中国学生的　　　　外国留学生的

   _____

4. 电视机　　　　　你家的　　　　　　他家的

   _____

5. 皮鞋　　　　　　黑的　　　　　　　红的

   _____

B 用 "还是" 或 "或者" 填空 Fill in the blanks with 还是 or 或者

1. 你去看电影 _____ 去游泳？

2. 今天下午我去看电影 _____ 去游泳。

3. 杰克 _____ 玛丽今天下午去上海大学。

4. 今天下午杰克去上海大学，_____ 玛丽去上海大学？

5. 你上午上课 _____ 下午上课？

6. 我六点 _____ 六点半吃晚饭。

7. 老师在教室里 _____ 在图书馆里辅导你们汉语？

8. 下午杰克在教室里学习，_____ 在运动场上打球。

9. 我要吃面包 _____ 包子，不要稀饭。

10. 他学习英语 _____ 学习日语，问他的爸爸吧！

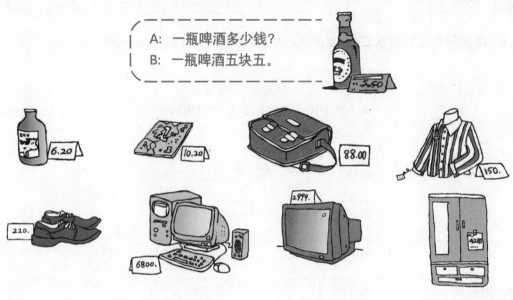

A: 一瓶啤酒多少钱？
B: 一瓶啤酒五块五。

五　用"但是"完成下列句子 Complete the following sentences with 但是

1. 这双皮鞋非常漂亮，

2. 我们的房间很大，

3. 学校食堂里的东西很便宜，

4. 这件衬衣的颜色不错，

5. 来中国以前，他常常去酒吧喝啤酒，

6. 我要买日文杂志，

六　排列顺序 Arrange the following words in correct order

1. 九点　　上午　　　去　　　杰克　　　家　　　朋友　　　玩儿　　　中国

2. 他　　去　　　身体　　运动场　　早上　　锻炼　　今天
3. 买　　我　　　一件　　要　　　的　　　衬衣　　白色
4. 啤酒　咖啡　　喜欢　你　　　喝　　　还是
5. 在　　我　　　买　　常常　　这儿　　或者　　杂志　　报纸

七 根据所给的内容进行会话 Create dialogues with references given below

1. **买皮鞋**
   买一双黑色的皮鞋　一百八十块
2. **买毛衣**
   买两件毛衣　一件红的　一件白的　红的两百块　白的一百五十块
3. **买报纸和杂志**
   《中国日报》1.50 元　《上海电视》6.00 元

八 根据所给的内容进行会话 Create dialogues with references given below

A 下面这张购物单上是你要买的东西（请你根据拼音查词典），现在你去市场买这些东西，跟售货员怎么说？两人一组进行会话 You are going to the market with the shopping list below. Create dialogues working in pairs. (Look up the words from a dictionary according to their phonetics)

一斤苹果　yì jīn píngguǒ
四个土豆　sì ge tǔdòu
两斤香蕉　liǎng jīn xiāngjiāo
两个洋葱　liǎng ge yángcōng
两根胡萝卜　liǎng gēn húluóbo
一公斤牛肉　yì gōngjīn niúròu

B 现在你有一百块钱，请你去商店买你想要的东西，然后把你买的东西的名称、数量和价钱都写在下面这张单子上 What would you buy from the shop with one hundred yuan. Write down the items to be purchased together with the quantity and price below

名　称	数　量	价　格

九 你的学校或者你家附近有些什么商店，请你描述一下你常常去的那家商店，可以用下列词语 Describe a shop nearby your school or home. You may use the words given below

对面、旁边、大、小、多、少、干净、贵、便宜、但是、常常、有时候、售货员、非常、太 ……

十 阅读或听力材料 Reading or listening materials

你喜欢买什么？

　　我喜欢运动，常常买运动鞋。但是我的脚太大，买鞋子很难。

　　玛丽喜欢买衣服。她有很多漂亮的衣服，但是她常常说她的衣服太旧了，要买新衣服。

　　皮尔非常喜欢帽子。他的衣柜里有很多帽子。帽子的颜色很多，有红的、蓝的、白的、黑的等等。有时候我们一起去南京路买东西。那里的大商店很多，但是东西不太便宜。南京路旁边有一些小商店，东西很便宜，我们都很喜欢。

1. 脚	（名）jiǎo	foot
2. 帽子	（名）màozi	hat; cap
3. 南京路	（名）NánjīngLù	Nanjing Road

熟读上文并标出声调，然后判断下列句子的对错 Read the passage above and write down the corresponding tone-marks. Then decide whether the following sentences are true or false

1. 鞋店里的鞋太少了，杰克买鞋很难。　　　（　）
2. 玛丽很喜欢买新衣服。　　　（　）
3. 皮尔的衣柜里有很多黑色的帽子。　　　（　）
4. 南京路的商店很小，但是东西很贵。　　　（　）
5. 他们喜欢南京路旁边的一些小店，那里的东西很便宜。　　　（　）

附一　水果 Fruits

1. 苹果 píngguǒ	2. 梨 lí
3. 橙子 chéngzi	4. 西瓜 xīguā
5. 草莓 cǎoméi	6. 香蕉 xiāngjiāo
7. 葡萄 pútao	8. 菠萝 bōluó
9. 桃子 táozi	10. 荔枝 lìzhī

附二　服装 Clothing

1. 西服 xīfú　　　2. 裤子 kùzi

5. 手套 shǒutào   6. 袜子 wàzi

3. 裙子 qúnzi   4. T 恤 tīxù

7. 凉鞋 liángxié   8. 拖鞋 tuōxié   9. 旗袍 qípáo   10. 围巾 wéijīn

汉字 Chinese Characters

偏旁 Radicals	名称 Names	例字 Examples
纟	绞丝旁 jiǎosīpáng	红 练 给
扌	提手旁 tíshǒupáng	打 找 换
⺮	竹字头 zhúzìtóu	简 篮 答
冫	两点水 liǎngdiǎnshuǐ	净 次 习

1 选择疑问句 The alternative question

用"还是"连接两个词或两个以上的词组（包括分句）提问。

It is composed of two or more alternatives (including clauses) connected by 还是.

你要买运动鞋还是皮鞋？

你去还是他去？

"或者"也表示选择，用在陈述句中；"还是"用在疑问句中。

或者 is used in a declarative sentence and 还是 is used in a question.

下午我看书或者听音乐。

下午你看书还是听音乐？

2 连动句 The sentence with verbal constructions in series

在动词谓语句里,如果两个(或两个以上)动词或动词词组共一个主语,这就是连动句。本课介绍的连动句，后一动词是前一动词所表达的动作的目的。

In this type of sentence, two or more verbs or verbal phrases are used as the predicate of the same subject. The second verb is the purpose of the first verb.

我去商店买东西。

3 双宾语句 Biobjective sentences

汉语中有的动词后边可带两个宾语。一般一个指人，靠近动词，称间接宾语；一个指事物，称直接宾语。

Some verbs take two objects, one of which is generally an indirect object (persons) and the other of which is a direct object (objects).

她们常常教我一些简单的汉语。

给您三百块。

4 动词或动词词组作定语，定语与中心语之间要用"的"。

Verb or verbal phrases being as an attributive, 的 must be used after the attributive.

买书的人很多。

"的"字结构的功能与名词相当。

The functions of the 的 -phrase are similar to that of a noun in a sentence.

我要那件蓝的。

LESSON 12

第十二课
新同学

生词 New Words

1. 今年	（名）	jīnnián	this year
2. 高	（形）	gāo	tall
3. 会	（助动、动）	huì	can
4. 几	（代）	jǐ	several
5. 种	（量）	zhǒng	kind
6. 语言	（名）	yǔyán	language
7. 法语	（名）	Fǎyǔ	French
8. 德语	（名）	Déyǔ	German
9. 得	（助）	de	a structural particle
10. 想	（助动、动）	xiǎng	to think; to want
11. 当	（动）	dāng	to work as
12. 翻译	（名、动）	fānyì	interpreter; to translate
13. 画	（动）	huà	to draw; to paint
14. 画儿	（名）	huàr	picture
15. 努力	（形）	nǔlì	to make great efforts
16. 早	（形）	zǎo	early
17. 提	（动）	tí	to put forward
18. 快	（形）	kuài	fast; quick

19. 考试	（名）kǎoshì	examination; test
20. 考	（动）kǎo	to give or take a test
21. 慢	（形）màn	slow
22. 书法	（名）shūfǎ	calligraphy
23. 前天	（名）qiántiān	the day before yesterday
24. 菜	（名）cài	dish
25. 面（条）	（名）miàn(tiáo)	noodle
26. 极了	jíle	extremely
27. 马马虎虎	mǎmǎhūhū	so-so
28. 学	（动）xué	to study
29. 大家	（代）dàjiā	everybody
30. 酒	（名）jiǔ	alcoholic drink; wine
31. 热闹	（形）rènao	lively; bustling
32. 饱	（形）bǎo	be full
33. 晚	（形）wǎn	late
34. 高兴	（形）gāoxìng	glad; pleased

专有名词 Proper Nouns

1. 安娜	Ānnà	Anna
2. 澳大利亚	Àodàlìyà	Australia
3. 西班牙	Xībānyá	Spain
4. 韩国	Hánguó	Korea
5. 意大利	Yìdàlì	Italy

Ānnà shì wǒmen bān de xīn tóngxué
安娜　是　我们　班　的　新　同学。

tā shì Àodàlìyà rén jīnnián èrshí sān suì tā
她　是　澳大利亚人，　今年　二十　三岁。她

hěn gāo yě hěn piàoliang
很　高，也　很　漂亮。

Ānnà huì shuō jǐ zhǒng yǔyán Yīngyǔ Fǎyǔ Déyǔ
安娜　会　说　几　种　语言：英语、　法语、德语

hé Xībānyáyǔ dōu shuō de hěn hǎo xiànzài tā lái
和　西班牙语，都　说　得　很　好。　现在　她　来

Zhōngguó xuéxí Hànyǔ tā shuō tā xiǎng dāng fānyì Ānnà
中国　　学习　汉语。她　说　她　想　当　翻译。安娜

hái huì huà huàr tā hěn xǐhuan Zhōngguó huàr
还　会　画　画儿，她　很　喜欢　中国　画儿。

Ānnà xuéxí hěn nǔlì měitiān zǎoshang shàngkè tā
安娜　学习　很　努力。每天　早上　　上课，她

lái de hěn zǎo lǎoshī tí wèntí tā yě huídá de hěn kuài
来　得　很　早。老师　提　问题，她　也　回答　得　很　快。

měicì kǎoshì tā dōu kǎo de hěn hǎo tā xiě Hànzì xiě
每次　考试　她　都　考　得　很　好。她　写　汉字　写

de hěn màn dànshì xiě de búcuò tā hái xiǎng xuéxí
得　很　慢，但是　写　得　不错。她　还　想　学习

shūfǎ
书法。

qiántiān wǒmen qù Ānnà
前天　我们　去　安娜

jiā wán hái yìqǐ zuòfàn
家　玩，还　一起　做饭。

wǒmen zuò Zhōngguó cài
我们　　做　中国　菜、

Fǎguó cài Rìběn cài hé Hánguó cài Ānnà zuòfàn
法国　菜、日本　菜　和　韩国　菜。安娜　做饭

zuò de búcuò tā zuò de Yìdàlì miàn hǎochī jí le
做　得　不错。她　做　的　意大利　面　好吃　极了。

Hánguó tóngxué zuò de Hánguó cài yě fēicháng hǎochī
韩国　同学　做的　韩国　菜　也　非常　好吃。

Pí' ěr zuò de Fǎguó cài mǎmǎhūhū wǒ bú huì zuòfàn
皮尔　做的　法国　菜　马马虎虎。我　不　会　做饭，

dànshì wǒ xiǎng xué zuò Zhōngguó cài
但是　我　想　学　做　中国　菜。

dàjiā yìqǐ chīfàn hējiǔ fēicháng rènao wǒmen dōu
大家　一起　吃饭、喝酒，非常　热闹。我们　都

chī de hěn bǎo chīfàn yǐhòu wǒmen liáotiān chànggē
吃　得　很　饱。吃饭　以后，我们　聊天、唱歌，

wán de hěnwǎn dànshì wán de hěn gāoxìng
玩　得　很　晚，但是　玩　得　很　高兴。

生词 New Words

1. 网球	（名）	wǎngqiú	tennis
2. 当然	（形）	dāngrán	certainly; of course
3. 可以	（助动）	kěyǐ	can; may
4. 球场	（名）	qiúchǎng	playground
5. 见面		jiànmiàn	to meet
6. 为什么		wèishénme	why
7. 打呼噜		dǎhūlu	to snore
8. 声音	（名）	shēngyīn	sound
9. 哪里		nǎli	no
10. 容易	（形）	róngyì	easy
11. 真的		zhēnde	really

专有名词 Proper Nouns

卡拉 OK   KǎlāOK   KARAOKE

会话 Dialogues

1

Mǎlì nǐ huì dǎ wǎngqiú ma
安娜: 玛丽, 你 会 打 网球 吗?

huì dànshì dǎ de bù hǎo
玛丽: 会, 但是 打 得 不 好。

méiguānxi wǒmen míngtiān
安娜: 没关系, 我们 明天

yìqǐ qù dǎ wǎngqiú hǎoma
一起 去 打 网球, 好吗?

hǎo a méi wèntí
玛丽: 好 啊, 没 问题。

wǒ kěyǐ hé nǐmen yìqǐ qù ma
皮尔：我 可以 和 你们 一起 去 吗？

dāngrán kěyǐ míngtiān xiàwǔ sāndiǎn wǒmen zài qiúchǎng
安娜：当然 可以。明天 下午 三点 我们 在 球场

jiànmiàn
见面。

2

nǐ zuótiān shuì de hǎo bu hǎo
杰克：你 昨天 睡 得 好 不 好？

wǒ shuì de hǎo jíle nǐ ne
皮尔：我 睡 得 好 极了，你 呢？

wǒ shuì de bú tài hǎo
杰克：我 睡 得 不 太 好。

wèi shénme
皮尔：为 什么？

nǐ dǎ hūlu de shēngyīn tài dà le
杰克：你 打 呼噜 的 声音 太 大 了。

ò zhēn duìbuqǐ
皮尔：哦，真 对不起。

3

Jiékè Mǎlì nǐmen huìbuhuì chàng Zhōngguó gē
王方：杰克、玛丽，你们 会不会 唱 中国 歌？

wǒ bú huì Mǎlì huì tā chànggē chàng de hěn hǎo
杰克：我 不 会，玛丽 会。她 唱歌 唱 得 很 好。

nǎli wǒ chàng de mǎmǎhūhū Zhōngguó
玛丽：哪里，我 唱 得 马马虎虎。 中国

gē hěn nán
歌 很 难。

bù nán hěn róngyì
王方：不 难，很 容易。

zhēnde ma nǐ jiāo wǒmen ba
杰克：真的 吗？你 教 我们 吧。

句型 Sentence Structure

1
你昨天睡得怎么样？／你昨天睡得好不好？／你昨天睡得好吗？
我睡得很好。／我睡得不好。

2
安娜做饭做得怎么样？
安娜做饭做得好极了。

3
她想当老师吗？／她想不想当老师？
她不想当老师，想当翻译。

4
每次考试她都考得怎么样？
每次考试她都考得很好。／她每次考试都考得很好。

5
你会打网球吗？／你会不会打网球？
（我）会。／（我）不会。

6
你唱得好不好？
我唱得不太好。

7
我可以和你们一起去吗？／我可不可以和你们一起去？
当然可以。／行，没问题。
不行。

8
她做的意大利面好吃极了。
你打呼噜的声音太大了。

一 内容理解 Comprehension

A 根据课文内容选择正确答案 Choose the correct answer according to the text

1. 安娜是哪国人？

   A. 澳大利亚

   B. 奥地利

   C. 意大利

2. 安娜高吗？漂亮吗？

   A. 不高，但是很漂亮。

   B. 很高，但是不太漂亮。

   C. 很高，也很漂亮。

   D. 不高，也不漂亮。

3. 安娜不会说哪种语言？

   A. 英语

   B. 意大利语

   C. 西班牙语

   D. 法语

4. 下面哪句话是对的？

   A. 安娜想当老师。

   B. 安娜想当画家。

   C. 安娜想做翻译。

   D. 安娜想做书法家。

5. 安娜的学习怎么样？下面哪句话是对的？

   A. 她常常很早到教室。

   B. 她汉字写得不太好。

   C. 她还会书法。

   D. 她考试考得很快。

6. 下面哪句话是对的？

   A. 皮尔会做法国菜，但是做得不好。

   B. 安娜做的中国菜很好吃。

   C. 我不想学习做饭。

   D. 韩国同学做的菜好吃。

第十二课 班回学

133

B 根据会话判断下列句子的对错 Decide whether the following sentences are true or false according to the dialogues

1. 安娜会打网球，但是打得不好。　　　　　（　　）

2. 皮尔和安娜明天一起去打网球，玛丽不去。（　　）

3. 皮尔昨天睡得很好。　　　　　　　　　　（　　）

4. 杰克睡得不太好，他打呼噜的声音很大。　（　　）

5. 玛丽和杰克都不会唱中国歌。　　　　　　（　　）

6. 王方想教玛丽和杰克唱歌。　　　　　　　（　　）

二 读读写写 Read and write

会说外语	会画画儿	不会打网球	不会做饭
好吃极了	高兴极了	热闹极了	漂亮极了
当翻译	当老师	提问题	回答问题
说得很好	来得很早	做得很好	回答得很快
打得不好	睡得不太好	写得不错	唱得马马虎虎
做饭做得很好	唱歌唱得好极了		写汉字写得很慢
她做的意大利面	皮尔做的法国菜		你打呼噜的声音

三 请写出汉字和拼音，并模仿例句选择词语造句 Write down the Chinese characters and phonetics for the countries below. Write sentences using the following words

CHINA　　　　中国 Zhōngguó　　（菜）

我喜欢吃中国菜。中国菜很好吃，也很便宜。

AUSTRALIA　　　　　　　　　（　　　　　　　）

FRANCE　　　　　　　　　　（　　　　　　　）

GERMANY　　　　　　　　　（　　　　　　　）

ITALY　　　　　　　　　　　（　　　　　　　）

JAPAN　　　　　　　　　　　（　　　　　　　）

KOREA　　　　　　　　　　　（　　　　　　　）

SPAIN　　　　　　　　　　　（　　　　　　　）

U.K.　　　　　　　　　　　　（　　　　　　　）

U.S.A.　　　　　　　　　　　（　　　　　　　）

（篮球、足球、网球、音乐、书法、歌、舞、电影、报纸、杂志、画儿、衣服、表、钟、包、鞋子、咖啡、啤酒、面、菜、酒、水果、面包、商店……）

四 模仿例子, 两人一组根据图片提供的内容进行会话练习 Create dialogues for the pictures below working in pairs

A: 你会不会做饭？ / 你会做饭吗？
B: 我会做饭，但是做得马马虎虎。

五 给左边的动词选一个合适的补语, 并模仿例句问答 Match the following parts as appropriate and create dialogues according to the example

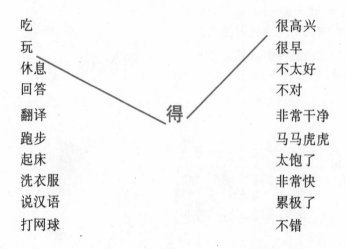

玩得很高兴
A: 你们昨天玩得怎么样？／玩得高兴吗？／玩得高兴不高兴？
B: 我们玩得很高兴。

吃	很高兴
玩	很早
休息	不太好
回答	不对
翻译	非常干净
跑步	马马虎虎
起床	太饱了
洗衣服	非常快
说汉语	累极了
打网球	不错

得

六　用"会、想、要、可以"填空 Fill in the blanks with 会、想、要 or 可以

1. 你 _____ 买德语书还是法语书？

2. 我今天身体不太好，不 _____ 吃饭。

3. A: 你 _____ 不 _____ 唱这个歌？

   B: 我不 _____，但是我 _____ 学这个歌。

4. A: 我 _____ 吃你的面包吗？

   B: 当然 _____，你吃吧！

5. 小姐，我 _____ 换一双皮鞋，这双太大了。

6. 李老师的女儿 _____ 当英语翻译。

7. 你 _____ 学习西班牙语吗？我 _____ 教你。

8. 昨天的作业太难了，我不 _____ 做。

模仿例句完成下面的练习 Complete the following exercises according to the example

A 改写句子 Rewrite the following sentences according to the example

> 安娜做意大利面。意大利面好吃极了。
> 安娜做的意大利面好吃极了。

1. 杰克买运动鞋。　　　　　　　运动鞋很便宜。
2. 皮尔喝啤酒。　　　　　　　　他喝青岛（Qīngdǎo）啤酒。
3. 我们昨天晚上看电影。　　　　电影马马虎虎。
4. 我认识那个售货员。　　　　　她是上海人。
5. 他常常去超市。　　　　　　　这个超市在学校对面。

B 用"动词 + 的"填空 Fill in the blanks with "verb + 的"

> 她买的衣服漂亮极了。

1. 我喜欢吃妈妈 　　　　　 菜。
2. 皮尔很高，但是他 　　　　　 床很小。
3. 来中国以后，我 　　　　　 中国朋友不太多。
4. 老师 　　　　　 汉字真漂亮。
5. 这里是图书馆，你们 　　　　　 声音太大了。

模仿例子改写句子 Rewrite the following sentences according to the example

> 她写汉字写得很慢。
> 她汉字写得很慢。/ 汉字她写得很慢。

1. 他翻译这本书翻译得不错。　　2. 她回答老师的问题回答得很快。
3. 杰克踢足球踢得很好。　　　　4. 我画中国画儿画得马马虎虎。
5. 她唱英文歌唱得不太好。　　　6. 安娜说英语和法语说得非常好。

1. 漂亮　　他　　很　　的　　写　　汉字
2. 说　　售货员　　马马虎虎　　个　　英语　　那　　得
3. 汉语　　极了　　的　　多　　学习　　留学生
4. 地方　　很多　　上海　　的　　有　　唱歌　　跳舞
5. 意大利人　　那　　男人　　穿　　是　　的　　衬衣　　个

十　根据下面的材料写一段话（可适当补充），要用本课所学的句型和语法。
With reference to the material given below, write a passage using the sentence structure and grammar in the text

姓名: 李静
国籍(guójí)：中国
性别(xìngbié)：女
出生年月：1976 年 5 月
身高：174cm
工作：公司日语翻译、很努力……
生活：7：00 起床、12：00 睡觉，星期一、四晚上学习法语……
爱好(àihào)：做菜、唱歌、游泳、打网球……

十一　阅读或听力材料 Reading or listening materials

唱　卡　拉　OK

　　星期六晚上，王方和我们一起去唱卡拉OK。我第一次唱卡拉OK。这里的人多极了。王方说年轻人很喜欢来这儿。我的日本朋友八木非常喜欢唱歌。他说他以前每个星期都去唱卡拉OK。王方教我们一首中国歌。这首歌的名字叫《月亮代表我的心》，是一首爱情歌曲，非常好听。八木也会唱，唱得很好。他唱的日文歌也很好听。王方还会唱很多英文歌，唱得不错。玛丽唱得很高兴，她想下个星期再来。

1. 年轻	（形）niánqīng	young
2. 首	（量）shǒu	*a measure word*
3. 爱情	（名）àiqíng	love
4. 歌曲	（名）gēqǔ	song
5. 好听	（形）hǎotīng	pleasing to the ear

专有名词 Proper Nouns

《月亮代表我的心》	Yuèliang Dàibiǎo Wǒ de Xīn	*name of a song*

熟读上文并标出声调，然后把下面人和事连起来 Read the passage above and write down the corresponding tone-marks. Then match up the persons and events as appropriate

	很喜欢唱歌
王方	第一次唱卡拉 OK
	也会唱《月亮代表我的心》
杰克	想下个星期再来唱歌
	唱的日语歌很好听
玛丽	教我们《月亮代表我的心》
	唱得很高兴
八木	还会唱英文歌
	以前常常去唱卡拉 OK

附 世界地图 World Map

A. 亚洲 Yàzhōu   B. 欧洲 Ōuzhōu

C. 非洲 Fēizhōu

1. 加拿大 Jiānádà   2. 巴西 Bāxī

3. 俄罗斯 Éluósī

4. 新加坡 Xīnjiāpō

5. 泰国 Tàiguó   6. 印度 Yìndù

7. 瑞士 Ruìshì   8. 南非 Nánfēi

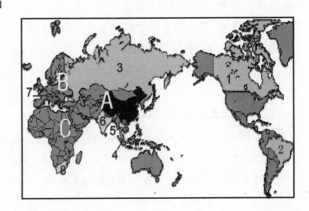

汉字 Chinese Characters

偏旁 Radicals	名称 Names	例字 Examples
门	门字旁 ménzìpáng	问 间 闹
力	力字旁 lìzìpáng	加 动 男
彳	双人旁 shuāngrénpáng	行 得 德
饣	食字旁 shízìpáng	饭 馆 饱

注释 Notes

1 助动词 Auxiliary verbs

助动词 "会、想、可以" 经常用在动词或形容词前，表示可能或愿望等等。否定式用 "不"。

Auxiliary verbs 会，想，可以 are often used to modify verbs or adjectives to indicate possibility or the speaker's wish, etc. The negative form is to place 不 before it.

"会" 有时是动词，可带名词宾语，如 "我会法语。" 助动词 "会" 表示通过学习掌握了某种技能，如 "我会游泳。"

"想" 可作动词，如 "想办法"，助动词的 "想" 和 "要" 意思接近，都表示有做某事的愿望，"想" 侧重于打算、希望，能受程度副词修饰，如 "我很想喝水。"

"可以" 表示客观条件允许做某事，如 "我可以去吗？" "不可以" 口气较强，表示禁止。

As a verb , 会 can take an object of noun, e.g. 我会法语. As an auxiliary verb, it means to have a certain skill acquired through practice, e.g. 我会游泳. As a verb, 想 means "think", e.g. 想办法. As an auxiliary verb, it is similar to 要, which is used to express desire. 想 means "plan" or "want" and it can be modified by an adverb of degree, e.g. 很想喝水. 可以 means "can" or "permissible", e.g. 我可以去吗. 不可以 means "forbidden" with a strong tone.

2 状态补语 The complement of state

用于谓语（动词或形容词）后边，表示动作的状态。状态补语说明的动作常常是已经发生的，也可以是经常发生的。

The complement of state is used either after a verb or an adjective to express the state of an action. The verbs with a complement of state usually indicate a habitual or completed action.

状态补语与谓语之间用结构助词"得"联系，如"我玩得很高兴"；动词后如果有宾语和补语，必须在宾语后重复动词，如"他跑步跑得很快"。状态补语的否定式："不"放在状态补语前边，如"我唱得不好"；正反疑问式：并列状态补语的肯定式和否定式，如"你睡得好不好"。

The structural particle 得 must be used between the complement of state and the verb, e.g. 我玩得很高兴. When the verb takes both an object and a complement of state, the verb should be repeated after the object, e.g. 他跑步跑得很快. The negative form is to place 不 before the complement, e.g. 我唱得不好. The affirmative-negative question is to put the complement in the affirmative-negative form, e.g. 你睡得好不好.

3 程度补语 The complement of degree

能作这种补语的词有"极、死"等。

Words such as 极,死, can be used as the complement of degree.

这个菜好吃极了。

4 主谓结构作定语，定语和中心语之间一定要用"的"。

When subject-predicate phrases are used as an attributive, 的 must be used after the attributive.

你穿的衣服很漂亮。

5 主谓谓语句 The sentence with an S-P phrase as the predicate.

安娜学习很努力。

LESSON 13

生词 New Words

1. 周末	（名）	zhōumò	weekend
2. 辆	（量）	liàng	*a measure word*
3. 汽车	（名）	qìchē	automobile
4. 开	（动）	kāi	to drive
5. 车	（名）	chē	vehicle
6. 骑	（动）	qí	to ride
7. 自行车	（名）	zìxíngchē	bicycle
8. 又…又…		yòu…yòu…	*indicating the simultaneous existence of several conditions or characteristics*
9. 上	（名）	shàng	last
10. 银行	（名）	yínháng	bank
11. 美元	（名）	Měiyuán	U.S. dollar
12. 动物园	（名）	dòngwùyuán	zoo
13. 舒服	（形）	shūfu	comfortable
14. 没（有）	（副）	méi（yǒu）	not
15. 各种	（代）	gèzhǒng	all kinds of

16. 动物	（名）	dòngwù	animal
17. 老虎	（名）	lǎohǔ	tiger
18. 狮子	（名）	shīzi	lion
19. 大象	（名）	dàxiàng	elephant
20. 蛇	（名）	shé	snake
21. 有的	（代）	yǒude	some
22. 在	（副）	zài	*indicating an action in progress*
23. 有意思		yǒuyìsi	interesting
24. 熊猫	（名）	xióngmāo	panda
25. 特别	（副）	tèbié	special
26. 最	（副）	zuì	most
27. 有名	（形）	yǒumíng	famous
28. 它	（代）	tā	it
29. 头	（名）	tóu	head
30. 圆	（形）	yuán	round
31. 胖	（形）	pàng	fat
32. 可爱	（形）	kě'ài	lovely
33. 看见		kànjiàn	see
34. 孩子	（名）	háizi	children
35. 拍	（动）	pāi	to take (a photo); to clap
36. 照片	（名）	zhàopiàn	photograph
37. 明信片	（名）	míngxìnpiàn	postcard
38. 家	（量）	jiā	*a measure word*
39. 饭店	（名）	fàndiàn	restaurant
40. 电影院	（名）	diànyǐngyuàn	cinema
41. 部	（量）	bù	*a measure word*
42. 好看	（形）	hǎokàn	interesting; good-looking
43. 过	（动）	guò	to spend
44. 怎么	（代）	zěnme	how

专有名词 Proper Nouns

1. 中国银行	Zhōngguó Yínháng	Bank of China
2. 香港	Xiānggǎng	Hong Kong

lái Zhōngguó yǐqián wǒ yǒu yí liàng qìchē zhōumò
来　中国　以前，我 有 一 辆　汽车。周末

wǒ chángcháng kāichē qù wánr　zài Zhōngguó yǒu
我　常常　开车 去 玩儿。 在　中国，　有

qìchē de jiātíng bù duō dànshì
汽车 的 家庭 不　多，　但是

qí zìxíngchē de rén hěnduō qí
骑　自行车 的 人　很多。骑

zìxíngchē yòu kuài yòu fāngbiàn
自行车　又 快 又　方便。

shàng ge yuè wǒ yě mǎi le yí
上　个　月 我 也 买 了 一

liàng zìxíngchē
辆　自行车。

zuótiān shì xīngqīliù shàngwǔ wǒ qí chē qù
昨天　是 星期六。　上午　我 骑 车 去

Zhōngguó Yínháng huànqián huàn le liǎngbǎi Měiyuán
中国　银行　换钱，换 了 两 百 美 元。

xiàwǔ wǒ hé Pí'ěr Mǎlì yì qǐ qù dòngwùyuán wánr
下午　我 和 皮尔、玛丽 一 起 去　动物园　玩儿。

Ānnà shēntǐ bù shūfu méi qù dòngwùyuán li yǒu
安娜　身体 不　舒服，没 去。　动物园　里 有

gèzhǒng dòngwù lǎohǔ shīzi dàxiàng shé děngděng
各种 动物：老虎、狮子、大象、蛇 等等。

yǒude zài wánr yǒude zài chī dōngxi hěn yǒu yìsi zài
有的 在 玩儿，有的 在 吃 东西， 很 有意思。在

dòngwùyuán li kàn dàxióngmāo de rén tèbié duō
动物园 里，看 大熊猫 的 人 特别 多。

dàxióngmāo shì Zhōngguó zuì yǒumíng de dòngwù tā
大熊猫 是 中国 最 有名 的 动物。它

de tóu yuányuánde shēntǐ pàngpàngde kě'ài jí le zài
的 头 圆圆的， 身体 胖胖的， 可爱 极 了。在

xióngmāoguǎn pángbiān
熊猫馆 旁边，

wǒmen kànjiàn le hěnduō
我们 看见 了 很多

háizi tāmen tèbié xǐhuan
孩子，他们 特别 喜欢

dàxióngmāo wǒmen zài nàr pāi le hěnduō zhàopiàn
大熊猫。 我们 在 那儿 拍 了 很多 照片，

hái mǎi le yìxiē míngxìnpiàn
还 买 了 一些 明信片。

wǎnshang wǒmen zài yì jiā xiǎo fàndiàn li chī
晚上 我们 在 一 家 小 饭店 里 吃

wǎnfàn wǒmen hē le liǎngpíng píjiǔ chī le hěnduō
晚饭。 我们 喝 了 两瓶 啤酒，吃 了 很多

cài chī wǎnfàn yǐhòu Pí'ěr qù tiàowǔ le wǒ hé
菜。 吃 晚饭 以后， 皮尔 去 跳舞 了，我 和

Mǎlì dōu méi qù wǒmen qù diànyǐngyuàn kàn le yí
玛丽 都 没 去。 我们 去 电影院 看 了 一
bù diànyǐng zhè shì yí bù Xiānggǎng diànyǐng hěn
部 电影。 这 是 一 部 香港 电影， 很
hǎokàn
好看。

zhè ge zhōumò wǒmen guò de búcuò
这 个 周末 我们 过 得 不错。

生词 New Words

1. 干	（动）gàn	to do
2. 路	（名）lù	road
3. 毛衣	（名）máoyī	wool sweater
4. 裙子	（名）qúnzi	skirt
5. 牛仔裤	（名）niúzǎikù	jeans
6. 磁带	（名）cídài	cassette
7. 打扫	（动）dǎsǎo	to clean
8. 脏	（形）zāng	dirty
9. 点心	（名）diǎnxīn	refreshments; snack
10. 马上	（副）mǎshàng	immediately
11. 就	（副）jiù	at once

专有名词 Proper Nouns

南京路	Nánjīng Lù	Nanjing Road

1

qǐngwèn Jiékè zài ma
八木: 请问, 杰克 在 吗?

zài tā zài shuìjiào
皮尔: 在。他 在 睡觉。

jīntiān tā qù shàngkè le ma
八木: 今天 他去 上课 了吗?

méiyǒu tā jīntiān shēntǐ bú tài
皮尔: 没有。 他 今天 身体 不太

shūfu méi qù shàngkè
舒服, 没 去 上课。

tā chīfàn le méiyǒu
八木: 他 吃饭 了 没有?

méi chī tā shuō tā bù xiǎng chī dōngxi
皮尔: 没 吃。他 说 他 不 想 吃 东西。

hǎo wǒ wǎnshang zài lái kàn tā
八木: 好, 我 晚上 再来 看 他。

2

shàngge zhōumò nǐmen gàn shénme le
杰克: 上个 周末 你们 干 什么 了?

wǒmen qù Nánjīng Lù mǎi dōngxi le
玛丽: 我们 去 南京 路 买 东西 了。

nǐmen mǎi le shénme dōngxi
杰克: 你们 买 了 什么 东西?

wǒ mǎi le zhè jiàn máoyī hái mǎi le
玛丽: 我买了这件毛衣, 还买了

yì tiáo qúnzi hé yì tiáo niúzǎikù
一条 裙子和 一条 牛仔裤。

nǐ mǎi méi mǎi
杰克: 你 买 没 买?

wǒ méi mǎi yīfu wǒ mǎi le xuéxí Hànyǔ de lùyīn cídài
安娜: 我 没 买 衣服, 我 买 了 学习 汉语 的 录音 磁带。

3

nǐ zài gàn shénme ne
安娜: 你 在 干 什么 呢?

wǒ zài dǎsǎo ne fángjiān tài zāng le
杰克: 我 在 打扫 呢! 房间 太 脏 了。

Pí'ěr nǐ zài tīng kèwén lùyīn ma
安娜: 皮尔, 你 在 听 课文 录音 吗?

méiyǒu wǒ zài tīng yīnyuè
皮尔: 没有。 我 在 听 音乐。

wǒ zuò le yìxiē diǎnxīn nǐmen
安娜: 我 做 了 一些 点心, 你们

xiǎngbuxiǎng chī
想 不 想 吃?

dāngrán wǒmen mǎshàng jiù qù
皮尔: 当然, 我们 马上 就 去。

句型 Sentence Structure

1
昨天你们去没去动物园? / 昨天你们去动物园了没有? /
昨天你们去动物园了吗?
我去了, 安娜没去。

2
昨天你怎么去银行换钱?
昨天我骑车去银行换钱。

3
上个周末你们干什么了?
我们去南京路买东西了。

4
昨天你买了什么东西?
我买了一条裙子和一条牛仔裤。

5
你在干什么 (呢)? / 你干什么呢?
我在打扫 (呢)。 / 我打扫呢。

6 他在睡觉吗？／他在不在睡觉？
是的，他在睡觉。
没有，他在吃饭。

7 骑自行车又快又方便。

8 有的在玩儿，有的在吃东西。

9 大熊猫的头圆圆的，身体胖胖的，可爱极了。

练习 Exercises

一 内容理解 Comprehension

A 根据课文内容选择正确答案 Choose the correct answer according to the text

1. 来中国以前，杰克周末常常做什么？
   A. 去动物园
   B. 骑自行车去玩儿
   C. 开车去玩儿
   D. 去公园

2. 下面哪句话是对的？
   A. 在中国，会开车的人很少。
   B. 在中国，没有自行车的人很多。
   C. 在中国，有汽车的人不少。
   D. 在中国，有自行车的人很多。

3. 星期六杰克没干什么？
   A. 去动物园玩。
   B. 跳舞。
   C. 去银行换钱。
   D. 看电影。

4. 下面哪句话是不对的？
   A. 大熊猫是一种很可爱的动物。
   B. 大熊猫很胖。
   C. 看大熊猫的人不太多。
   D. 孩子们非常喜欢大熊猫。

5. 下面哪句话是对的？
   A. 他们吃晚饭以后去跳舞了。
   B. 他们跳舞以后去看电影了。
   C. 杰克看的是一部中国电影
   D. 他们看的电影没有意思。

B 根据会话填空 Fill in the blanks according to the dialogues

1. 杰克今天身体不太 _____，_____ 上课。他现在 _____ 睡觉。他今天也 _____ 吃饭，他说他 _____ 吃饭。八木说晚上 _____ 来看他。

2. 安娜和玛丽上个周末去 _____ 了。玛丽买了 _____、_____ 和 _____。

3. 杰克在 _____，他的房间 _____。皮尔在 _____。安娜做了 _____。她问他们
　　_____，皮尔说他们 _____。

上个星期	上个月	这个周末	下个星期一
一辆汽车	一辆自行车	开（汽）车	骑自行车
各种动物	各种花儿	各种明信片	各种树
特别多	特别喜欢	特别好看	特别有意思
圆圆的	胖胖的	高高的	大大的
又快又方便	又高又漂亮	又高又大	又圆又胖
换了两百美元	拍了很多照片	吃了很多菜	看了一部电影

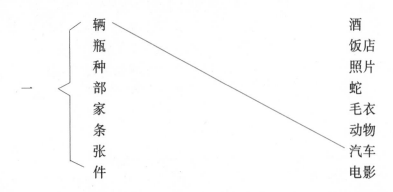

辆　　　　　　　酒
瓶　　　　　　　饭店
种　　　　　　　照片
一　部　　　　　　蛇
家　　　　　　　毛衣
条　　　　　　　动物
张　　　　　　　汽车
件　　　　　　　电影

1. 他们昨天都 _____ 去看电影，你去了没有？
2. 上星期六晚上我身体 _____ 舒服，_____ 想去跳舞。
3. 你喜欢 _____ 喜欢大熊猫？
4. 我 _____ 要买书，我要买衣服。
5. 这些衣服太 _____ 干净了。

6. 熊猫 _____ 吃小动物，是吗？

7. 你看 _____ 看昨天的电视？有意思极了!

8. 明天我 _____ 去动物园，我要去银行。

9. 下午我 _____ 在房间里，我去书店买书了。

10. 皮尔每天早上都 _____ 吃早饭。

五　请在合适的地方加 "了" Place 了 at the appropriate place

1. 今天早上，我喝一杯牛奶，还吃两个包子。

2. 来中国以后，我认识不少中国朋友，还常常和他们一起玩儿。

3. 你的房间打扫没有？

4. 老师问我很多问题，我都不懂。

5. 你今天在动物园看见大熊猫吗？

6. 昨天我过一个愉快的周末。

7. 我看你画的画儿，你画得真不错。

8. 王先生不在，他去公司上班。

六　模仿例子用所给词语改写下列句子并再造一个句子 Rewrite the following sentences using the words given below and make new sentences

151

> 他买了一辆自行车。
> 我买了一辆自行车。（也）
> 他买了一辆自行车，我也买了一辆自行车。

1. 运动场上每天都有很多锻炼身体的人。
   有打篮球的人，有跑步的人。
   （有的…有的…）

2. 他的桌子上有词典。
   他的桌子上还有书、电脑……
   （等等）

3. 玛丽的裙子有红的、黄的、蓝的等等。
   玛丽的裙子都很漂亮。（各种）

4. 他每天七点钟起床。
   今天早上他五点钟起床。（特别）

5. 西瓜　1元／斤
   苹果　5元／3斤
   葡萄　4元／斤（最）

6. 他写得很快。
   他写得很好。（又…又）

七　排列顺序 Arrange the following words in correct order

1. 下班　　回家　　我　　马上　　以后　　就
2. 自行车　得　　快　　骑　　特别　　皮尔　　骑
3. 不　　的　　但是　　大　　我　　太　　家　　舒服　　非常
4. 是　　这　　最　　上海　　大　　的　　电影院
5. 上午　　换　　去　　昨天　　我　　银行　　没　　钱
6. 生词　　昨天　　复习　　你们　　学习　　了　　的　　吗
7. 中国　　好　　你们　　好　　过　　不　　得　　在
8. 打扫　　太　　昨天　　没　　我　　忙　　房间　　了

八　看看他们在做什么？用"在＋动词"填空　Look, what are they doing? Fill in the blanks with "在＋verb"

张先生一家的星期天

张先生一家有六个人。星期天上午他的太太_____；他的儿子_____；他的女儿_____；他的爸爸_____；他的妈妈_____；张先生_____。

九	读一读，猜一猜，这是什么动物？ Read the following poem and determine what animal is being implied

白白的身体　　　（báibái de shēntǐ）
长长的耳朵　　　（chángcháng de ěrduo）
红红的眼睛　　　（hónghóng de yǎnjing）
短短的尾巴　　　（duǎnduǎn de wěiba）

十	请你模仿课文写一篇关于周末生活的短文，下面的几个问题可以给你一些帮助。 Write a passage on your weekend life according to the text. The following questions might be helpful

1. 来中国以前，周末你常常干什么？
2. 来中国以后，周末你常常干什么？
3. 上个周末你干什么了？过得怎么样？
4. 周末你几点起床，几点睡觉？
5. 周末你和谁一起玩儿？
6. 你去哪些地方玩儿？看见了什么？买了什么东西？

看 京 剧

上个周末我和玛丽一起去大剧院看京剧。在大剧院里，我们看见了李老师和他的爱人。他们的位子在我们旁边。李老师的爱人英语说得很好，她做我们的翻译。那个京剧的名字叫《孙悟空三打白骨精》，有很多武打，非常有意思。李老师的爱人翻译得很好，我们都懂了。她说李老师也会唱京剧。我们都想听一听，但是李老师说他只在浴室里唱，我们都笑了。

1. 京剧	（名）jīngjù	Beijing opera
2. 剧院	（名）jùyuàn	theatre
3. 位子	（名）wèizi	seat
4. 武打	（名）wǔdǎ	*wushu*; martial art
5. 只	（副）zhǐ	only
6. 浴室	（名）yùshì	bathroom
7. 笑	（动）xiào	to smile

专有名词 Proper Nouns

孙悟空三打白骨精　　Sūnwùkōng Sān Dǎ Báigǔjīng　　*The Monkey King Fights Tree Times Against the White Bone Demon*

熟读上文并标出声调，然后根据材料回答下列问题 Read the passage above and write down the corresponding tone-marks. Then answer the following questions

1. 上个周末杰克和玛丽干什么？

2. 在大剧院里，有没有杰克认识的人？

3. 李老师的位子在哪儿？

4. 那个京剧怎么样？

5. 李老师的爱人翻译得怎么样？他们懂了吗？

6. 你知道孙悟空吗？

7. 李老师会不会唱京剧？

8. 李老师唱京剧了没有？

附 生肖 Chinese Astrology

1. 老鼠 lǎoshǔ
2. 牛 niú
3. 老虎 lǎohǔ
4. 兔子 tùzi
5. 龙 lóng
6. 蛇 shé
7. 马 mǎ
8. 羊 yáng
9. 猴 hóu
10. 鸡 jī
11. 狗 gǒu
12. 猪 zhū

汉字 Chinese Characters

偏旁 Radicals	名称 Names	例字 Examples
灬	火字底（四点） huǒzìdǐ（sìdiǎn）	热 点 黑
衤	衣字旁 yīzìpáng	衬 裤 裙
犭	反犬旁 fǎnquǎnpáng	狮 猫 狗
夂	折文 zhénwén	各 条 复

1 助词"了" The particle 了

(1) 肯定事情或情况已经发生，用在句尾。否定式是去掉"了"，在动词前加"没（有）"。如果询问某事是否完成时，可在带"了"的句尾加"没有"或"吗"，或者并列动词的肯定式和否定式。

了 is used at the end of a sentence indicating that an action or event has taken place. The negative form is to put 没（有）before the verb and omit 了. When inquiring whether an event has taken place, 没有 or 吗 is added to the end of a sentence with 了. Alternatively, the affirmative and the negative of the verb can be put together.

> 我们去南京路买东西了。
> 我们没去南京路买东西。
> 你们吃饭了没有？／你们吃饭了吗？／你们吃没吃饭？
> 我们吃饭了。
> 我们没吃饭。

(2) 表示动作的完成，用在动词后面。如果动词后面有简单宾语，要满足下列条件之一，句子才能成立：

    (a) 这个宾语一般要有数量词或定语修饰；

    (b) 或动词前面有状语修饰；

    (c) 或后面有接续动作发生。（见第十四课）

了 is used after the verb indicating the completion of an action. When the verb takes an object, the sentence must satisfy one of the following conditions.

    (a) the object is usually modified by a numeral-measure word or an attributive;

    (b) there is an adverbial before the verb or the subject;

    (c) the object must be followed by another verb or clause. (Lesson 14)

> 我买了一件衣服。
> 我吃了上海最有名的小笼包子。
> 我和他们一起在动物园拍了照片。
> 我吃了晚饭就去跳舞。（见第十四课）

注意：Important!

(1) "了"与动作发生的时间无关，只表明动作的完成。它可以用在表示过去、将来发生的事情上。

了 has nothing to do with time. It just indicates the completion of an action. It can be used either in the past or in the future.

昨天我买了一条裙子。

明天我下了课去看电影。（见第十四课）

(2) 在叙述过去的动作或事情时并不一定都用 "了"。如果是过去经常性的动作，或者只是一般叙述过去的动作并不强调它是否完成，都不用 "了"。

了 is not always used to indicate an action in the past. If a past action is a habitual one or there is no need to emphasize its completion, 了 is not used.

以前他常常来看我。

昨天上午我去银行换钱，下午和朋友去动物园。

2 "在＋动词" 或者句尾加语气助词 "呢" 表示动作正在进行，"在" 和 "呢" 可以同时使用。

"在 + verb" or 呢 at the end of a sentence indicates an action is in progress. 在 and 呢 can be used within the same sentence.

他在睡觉。

你干什么呢？

她在洗衣服呢。

3 副词 "不" 和 "没(有)" 的区别 The differences between the adverb 不 and 没(有)

(1) "不" 用来否定经常的习惯的动作，可指过去、现在或将来；"没（有）" 限于过去和现在，不能指将来。

不 can be used to negate a frequent or habitual action. It can indicate either the present or the past or the future. 没(有) is used to negate an action which has taken place. It cannot indicate the future.

他每天中午不休息。

我现在不去。

明天我不去。

昨天我没去。

(2) "不"用来否定表示思想活动的动词, 助动词, 表示性质、状态的形容词,"是、在" 等表示判断、存在的动词等等。"没" 用来否定 "有"。"在" 有时也可以用 "没" 否定。

不 is used to negate verbs expressing mental activity, auxiliary verbs, adjectives expressing character or state and verbs expressing judgment or existence, such as 是, 在, etc. 没 is used to negate 有. 在 can also be negated by 没.

我不想看电影。

我不会骑自行车。

皮尔不喜欢做作业。

玛丽不是英国人。

杰克没有哥哥。

李老师不在家。／李老师没在家。

LESSON 14

生词 New Words

1. 参观	（动）	cānguān	to visit
2. 广场	（名）	guǎngchǎng	square
3. 跟	（介）	gēn	with
4. 离	（介）	lí	off; away
5. 近	（形）	jìn	near
6. 远	（形）	yuǎn	far
7. 从…到…		cóng…dào…	from...to...
8. 先	（副）	xiān	firstly
9. 坐	（动）	zuò	to sit
10. 路	（量）	lù	*a measure word*; route
11. 公共汽车		gōnggòngqìchē	bus
12. 到	（动）	dào	to arrive
13. 下车		xiàchē	to get off
14. 地铁	（名）	dìtiě	subway; metro
15. 票	（名）	piào	ticket
16. 市	（名）	shì	municipality; city
17. 中心	（名）	zhōngxīn	center
18. 北面（边）	（名）	běimiàn (biān)	north

19. 政府	（名）zhèngfǔ	government
20. 前面（边）	（名）qiánmian(bian)	front
21. 后面（边）	（名）hòumian(bian)	back; behind
22. 中间	（名）zhōngjiān	middle
23. 喷水池	（名）pēnshuǐchí	fountain
24. 周围	（名）zhōuwéi	surrounding
25. 草地	（名）cǎodì	a plot of grass
26. 照相	zhàoxiàng	to take a picture
27. 这些	（代）zhèxiē	these
28. 鸽子	（名）gēzi	pigeon
29. 怕	（动）pà	be afraid of
30. 有趣	（形）yǒuqù	interesting; amusing
31. 博物馆	（名）bówùguǎn	museum
32. 古代	（名）gǔdài	ancient
33. 文化	（名）wénhuà	culture
34. 认真	（形）rènzhēn	earnest; serious
35. 大约	（副）dàyuē	about
36. 走	（动）zǒu	to walk
37. 杯	（量、名）bēi	*a measure word*; glass; cup
38. 一会儿	（名）yíhuìr	a while
39. 从	（介）cóng	from
40. 风景	（名）fēngjǐng	scenery; view
41. 那些	（代）nàxiē	those
42. 建筑	（名）jiànzhù	architecture; construction
43. 夜	（名）yè	night
44. 灯	（名）dēng	light; lamp
45. 美丽	（形）měilì	beautiful
46. 城市	（名）chéngshì	city
47. 西面（边）	（名）xīmiàn (biān)	west
48. 东面（边）	（名）dōngmiàn (biān)	east
49. 南面（边）	（名）nánmiàn (biān)	south

专有名词 Proper Nouns

1. 人民广场	Rénmín Guǎngchǎng	People Square
2. 地铁二号线	Dìtiě Èrhàoxiàn	Metro Line 2
3. 上海大剧院	Shànghǎi Dàjùyuàn	Shanghai Grand Theatre
4. 上海博物馆	Shànghǎi Bówùguǎn	Shanghai Museum
5. 外滩	Wàitān	the Bund

课文 Text

qiántiān xiàwǔ wǒmen méiyǒu kè chī le wǔfàn
前天　下午，我们　没有　课。吃　了　午饭，

wǒ hé Mǎlì jiù qù Rénmín
我　和　玛丽　就　去　人民

Guǎngchǎngwánr le Bāmù
广场　　玩儿　了。八木

yě gēn wǒmen yìqǐ qù le
也　跟　我们　一起　去　了。

161

Rénmín Guǎngchǎng lí xuéxiào bú tài jìn yě bú tài
人民　广场　离　学校　不　太　近，也　不　太

yuǎn cóng xuéxiào dào Rénmín Guǎngchǎng wǒmen
远。从　学校　到　人民　广场，我们

xiān zuò liùshíqī lù gōnggòngqìchē dào Zhōngshān
先　坐　67　路　公共汽车，到　中山

Gōngyuán xiàchē zài huàn Dìtiě Èrhàoxiàn dào Rénmín
公园　下车，再　换　地铁　二号线　到　人民

Guǎngchǎng chēpiào bú guì
广场。车票　不　贵。

Rénmín Guǎngchǎng shì Shànghǎishì de zhōngxīn
人民　　　广场　　是　　上海市　　的　中心。

guǎngchǎng běimiàn shì Shànghǎi shì zhèngfǔ hé
广场　　　　北面　　是　　上海　　市政府　和

dàjùyuàn shìzhèngfǔ qiánmian yǒu yì tiáo dà lù
大剧院。　市政府　　前面　　有　一　条　大　路，

hòumian shì Rénmín Gōngyuán guǎngchǎng
后面　　是　人民　　公园。　　广场

zhōngjiān yǒu yí ge hěn dà de pēnshuǐchí pēnshuǐchí
中间　　有　一个　很　大　的　喷水池，　　喷水池

zhōuwéi yǒu hěnduō cǎodì hé huār fēicháng piàoliang
周围　　有　很多　草地　和花儿，非常　　漂亮。

guǎngchǎng shang de rén hěnduō yǒude zài xiūxi yǒu
广场　　　上　的人　很多，有的　在　休息，有

de zài zhàoxiàng wǒmen kàndào bù shǎo xiǎopéngyou
的　在　照相。　我们　看到　不　少　　小朋友

zài gēn gēzi wánr zhèxiē gēzi bú pà rén yǒuqù jí le
在　跟　鸽子　玩儿。这些　鸽子　不怕人，有趣　极了。

Shànghǎi Bówùguǎn jiù zài Rénmín Guǎngchǎng
上海　　博物馆　就在　人民　　广场。

bówùguǎn hěn dà yígòng yǒu sì céng Zhōngguó gǔdài
博物馆　很　大，一共　有四　层。　中国　　古代

de wénhuà hěn yǒu yìsi měi céng lóu wǒmen dōu
的　文化　很　有　意思，每　层　楼　我们　都

kàn de hěn rènzhēn cóng yī diǎn dào sì diǎn
看　得　很　认真。　从　一　点　到　四　点，

wǒmen cānguān le dàyuē sān ge xiǎoshí wǒ xiǎng
我们　　参观　了　大约　三　个　小　时。我　想

xiàcì zài lái cānguān
下次　再　来　参观。

　　cānguān le bówùguǎn wǒmen jiù dào Nánjīng Lù
　　参观　　了　博物馆，　我们　就　到　　南京路

qù le Nánjīng Lù shì Shànghǎi zuì rènao de dìfang yǒu
去 了。南京路　是　　上海　最　热闹　的　地方，有

hěnduō shāngdiàn rén
很多　　　商店，　　人

yě tèbié duō cóng
也　特别　多。　从

Rénmín Guǎngchǎng dào
人民　　广场　　　到

Nánjīng Lù Wàitān wǒmen
南京路　　外滩，我们

zǒu le hěn cháng shíjiān lèi jíle wǒmen zài yì jiā
走　了　很　长　　时间，累　极了。我们　　在　一　家

kāfēitīng li hē le yì bēi kāfēi xiūxi le yíhuìr cóng
咖啡厅 里 喝了 一　杯　咖啡，休息了一会儿。从

zhèr kěyǐ kàndào Wàitān de fēngjǐng wǒ tè bié xǐ
这儿　可以　看到　　外滩　的　风景，我　特别　喜

huan nàxiē jiànzhù
欢　那些　建筑。

　　chī le wǎnfàn wǒmen jiù zài Wàitān sànbù
　　吃　了　晚饭，　我们　就　在 外滩　散步。

Wài tān de dēng hěn duō yè jǐng fēi cháng měi lì
外 滩 的 灯 很 多，夜 景 非 常 美 丽。
wǒ hé Mǎlì dōu hěn xǐhuan Shànghǎi zhè zuò
我 和 玛丽 都 很 喜欢 上海 这 座
chéngshì
城市。

生词 New Words

1. 警察	（名）	jǐngchá	policeman
2. 过	（动）	guò	to cross
3. 马路	（名）	mǎlù	road
4. 站	（名）	zhàn	station
5. 一直	（副）	yìzhí	straight; continuously
6. 往	（介）	wǎng	toward
7. 路口	（名）	lùkǒu	crossing
8. 左	（名）	zuǒ	left
9. 拐	（动）	guǎi	to turn
10. 大概	（副）	dàgài	probably
11. 不用		búyòng	need not
12. 集合	（动）	jíhé	to gather
13. 不要		búyào	don't
14. 迟到	（动）	chídào	be late
15. 找	（动）	zhǎo	to look for
16. 哎呀	（叹）	āiyā	alas
17. 忘	（动）	wàng	to forget
18. 办公室	（名）	bàngōngshì	office
19. 别	（副）	bié	don't

1

qǐngwèn qù dàjùyuàn zěnme zǒu
安娜: 请问, 去 大剧院 怎么 走?

cóng zhèr zuò gōnggòngqìchē dào
警察: 从 这儿 坐 公共汽车 到

Rénmín Guǎngchǎng xiàchē guò mǎlù
人民 广场 下车, 过 马路

jiù dào le zuò Dìtiě Yīhàoxiàn yě kěyǐ
就 到 了。坐 地铁 一号线 也 可以。

dìtiězhàn zài nǎr
安娜: 地铁站 在 哪儿?

jiù zài qiánmian yìzhí wǎng qián zǒu dào lùkǒu zuǒ guǎi
警察: 就 在 前面, 一直 往 前 走, 到 路口 左 拐。

zuò dìtiě dào RénmínGuǎngchǎng dàgài yào duōcháng shíjiān
安娜: 坐 地铁 到 人民广场 大概 要 多长 时间?

hěn kuài wǔ liù fēnzhōng ba
警察: 很 快, 五 六 分钟 吧!

xièxie
安娜: 谢谢!

búyòng xiè
警察: 不用 谢。

2

míngtiān shàngwǔ wǒmen qù cānguān bówùguǎn
李老师: 明天 上午 我们 去 参观 博物馆。

jǐ diǎn
皮尔: 几 点?

zǎoshang bādiǎn bàn zài liúxuéshēng lóu qiánmian jíhé
李老师: 早上 八点 半 在 留学生 楼 前面 集合。

wǒmen zěnme qù
杰克：我们　　怎么 去？

wǒmen zuò xuéxiào de qìchē qù
李老师：我们　坐　学校　的　汽车 去。

shénmen shíhou huí xuéxiào
安娜：什么　　　时候 回　学校？

wǒmen cānguān yíge shàngwǔ
李老师：我们　　参观　一个　上午，

zhōngwǔ huí xuéxiào qǐng dàjiā míngtiān búyào chídào
中午　　回 学校。请 大家　明天　　不要　迟到。

Ānnà zuótiān zhōngwǔ nǐ chī le fàn qù zhǎo Lǐ lǎoshī le ma
玛丽：安娜，　昨天　　　中午 你 吃 了 饭 去　找 李 老师 了 吗？

āiyā wǒ wàng le wǒ mǎshang jiù qù bàngōngshì zhǎo tā
安娜：哎呀，我　忘 了。我　马上　就 去　办公室　找 他。

xiànzài tā huíjiā le nǐ míngtiān zài qù ba
玛丽：现在　他 回家 了。你　明天　再 去 吧！

hǎo míngtiān wǒ xià le kè jiù qù zhǎo tā
安娜：好，　明天 我 下 了 课 就 去　找 他。

bié wàng le
玛丽：别　忘　了！

句型 Sentence Structure

1 前天下午吃了午饭，我和玛丽就去参观博物馆了。
明天我下了课就去找他。

2 上海博物馆就在人民广场。
地铁站就在前面。

3 从学校到博物馆，我们坐公共汽车。
从两点到四点，我们参观了两个小时。

4　从一点到三点，我们学习了两个小时。

5　我们先坐 67 路公共汽车，到中山公园下车，再换地铁二号线到人民广场。

练习 Exercises

一　内容理解　Comprehension

A　根据课文内容选择正确答案 Choose the correct answer according to the text

1. 前天下午谁去博物馆了？
   A. 杰克和玛丽
   B. 玛丽、杰克和八木
   C. 玛丽、杰克和皮尔
   D. 杰克、玛丽、八木和皮尔

2. 博物馆离学校远不远？
   A. 太远了
   B. 很近
   C. 不太远
   D. 不近

3. 他们怎么去人民广场？
   A. 坐地铁
   B. 坐公共汽车
   C. 先坐地铁，再换公共汽车
   D. 先坐公共汽车，再换地铁

4. 下面哪句话是对的？
   A. 大剧院在人民广场北边。
   B. 人民公园在市政府前面。
   C. 喷水池在人民公园中间。
   D. 博物馆离大剧院很远。

5. 下面哪句话是不对的？
   A. 博物馆里有很多古代的东西。
   B. 博物馆在四楼。
   C. 他们参观了大概三个小时。
   D. 博物馆在人民广场。

6. 下面哪句话是不对的？
   A. 晚上他们在外滩看风景。
   B. 南京路是一条非常热闹的马路。
   C. 南京路上的商店很多，人也多极了。
   D. 南京路外滩就在人民广场。

B　根据会话内容填空　Fill in the blanks according to the dialogues

1. 安娜要到 ＿＿＿＿＿＿ 去，她可以坐 ＿＿＿＿＿＿＿＿ 到 ＿＿＿＿＿＿ 下车，也可以坐 ＿＿＿＿＿＿＿＿ 去。地铁站离这儿 ＿＿＿＿＿＿＿，一直 ＿＿＿＿＿＿＿＿＿，到路口 ＿＿＿＿＿＿＿＿。从这儿到 ＿＿＿＿＿＿＿ 坐地铁要 ＿＿＿＿＿＿＿。

2. 明天上午他们去参观 _____，早上 _____ 在 _____ 集合。
他们坐 _____ 去，参观 _____，中午回学校。
3. 安娜昨天中午忘了 _____。她想现在 _____，但是李老师 _____。
她明天 _____。

二　读读写写　Read and write

参观博物馆	参观大剧院	参观图书馆	参观学校
到南京路去	到外滩去	到上海来	到学校来
跟我们一起去	跟鸽子玩儿	坐公共汽车	坐地铁
市政府前面	大剧院后面	喷水池周围	人民广场中间
从学校到博物馆	从两点到四点	中国文化	古代文化
美丽的城市	美丽的夜景	漂亮的鸽子	漂亮的建筑
休息了一会儿	走了很长时间	参观了两个小时	吃了一刻钟

三　模仿例子写两个词语　Write two words according to the example

语　汉语　英语

馆 _____　_____ 厅 _____　_____ 院 _____　_____
池 _____　_____ 室 _____　_____ 车 _____　_____
站 _____　_____ 场 _____　_____ 园 _____　_____

四　请根据句子的内容写出一对反义词　Fill in the blanks using antonyms

1. 美国离中国很 _____，日本离中国很 _____。
2. 我不要那双 _____ 皮鞋了。我想再买双 _____ 的。
3. 他开车开得太 _____ 了，但是我开得很 _____。
4. 我的家 _____ 面是草地，_____ 面有一个小花园。
5. 汉语难还是英语难？汉语很 _____，英语很 _____。
6. 在上海，坐公共汽车很 _____，一块钱或者两块钱就行了。坐地铁也不太 _____。
7. 这个咖啡厅上午没有很多人，很 _____，但是从下午到晚上，这里非常 _____，年轻人都喜欢来这儿。

8. 这条河以前很 _____，但是现在很 _____。

9. 他每天起得很 _____，睡得很 _____。

10. 你的回答有一半是 _____ 的，有一半是 _____ 的。

1. 你 _____ 哪儿来？我 _____ 小王那儿来。

2. 现在 _____ 回国还有两个星期。

3. 大剧院就 _____ 市政府旁边。

4. 你 _____ 后看，那个胖胖的男人是谁？

5. _____ 北京到香港可以坐火车。

6. 澳大利亚 _____ 中国远不远？

7. _____ 前天到现在，我一直没有看见他。

8. 你 _____ 北走，再 _____ 东拐，汽车站就在路边。

六　你知道中国的历史吗？看看下面的年表，模仿例子用"从…到…"读一读 Do you know Chinese history? Read the following table with "从…到…" according to the example

从公元前(B.C.)221 年到公元前 206 年是秦(Qín)朝。

汉 Hàn	公元前 206 — 220 年
三国 Sānguó	220 — 280 年
晋 Jìn	265 — 420 年
南北朝 Nánběicháo	420 — 589 年
隋 Suí	589 — 618 年
唐 Táng	618 — 907 年
宋 Sòng	960 — 1279 年
元 Yuán	1206 — 1368 年
明 Míng	1368 — 1644 年
清 Qīng	1616 — 1911 年

看下面的地图，两人一组进行对话 Look at the maps below and construct dialogues working in pairs

从…到…、先…再…、
离、远、近、一直、
往、拐、下车、换、公
共汽车、地铁、一号
线、二号线

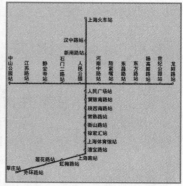

八　**排列顺序** Arrange the following words in correct order

1. 车　　　到　　　他们　　　了　　　人民公园　　下车　　就　　　了
2. 明天　　买　　　到　　　你　　　火车站　　就　　票　　　了
3. 得　　　她　　　学　　　很好　　汉语　　　了　　三年　　学
4. 她　　　我　　　但是　　一会儿　没　　　了　　来　　　等
5. 睡觉　　听　　　就　　　了　　　一会儿　　他　　音乐　　了　　　以后
6. 我　　　了　　　你　　　极了　　一个下午　找　　累　　　找
7. 我们　中山公园　二十分钟　动物园　从　坐　到　大约　公共汽车　了

九　**请在合适的地方加"了"** Place 了 in the following passage as appropriate

　　昨天是星期六。早上我八点钟起床。起床就去卫生间洗一个澡。八点半我吃早饭。我吃一个面包，还喝一杯牛奶。吃早饭，我看一会儿报。九点半，我的中国朋友来。她辅导我学习汉语，我教她英语。她说一个中国古代的故事(gùshi story)，很有意思。我教她唱一个英文歌。我们学习大约两个小时。她走以后，我就跟玛丽一起去南京路的书店买书。我买两本很有趣的书，玛丽没买。买书以后，我们就在一家小饭店里吃一些东西。
　　下午我们坐地铁去人民广场，坐五分钟就到。
　　我们在人民广场休息一会儿，就去美术馆(měishùguǎn art museum)看画儿。玛丽很喜欢画画儿，我们在里面看一个多小时。

晚上，我们坐公共汽车回学校。到宿舍我就洗一个澡。我不太累。睡觉以前，我看一会儿电视，还看十几页书。我想第二天吃午饭再做作业。

十 **这是李老师的家（白色屋顶），请你用下面词语说一说他家周围的情况**
The picture below contains a map for Mr. Li's home. Describe the picture using the words given

（在、是、有、周围、旁边、对面、前面、后面、中间、东/南/西/北面）

_____

_____

_____

_____

_____

十一 **阅读或听力材料 Reading or listening materials**

外 滩

你知道外滩吗？到上海来的人都要去外滩看一看。外滩有很多一百多年前的建筑，很漂亮。外滩还有一条江，叫黄浦江。江的西面叫浦西，外滩就在浦西。江的东面叫浦东，有很多新的高楼。那座八十八层的大楼就是金茂大厦。金茂大厦旁边是东方明珠塔，它是上海最高的建筑。你可以到上面去参观，看看浦东和浦西的风景。黄浦江上有几座大桥，从浦西到浦东很方便。当然，你还可以坐船或者坐地铁，地铁站就在东方明珠塔旁边。

晚上在外滩散散步、看看夜景，或者和朋友在江边喝喝茶、聊聊天，舒服极了。

| 1. 江 | （名）jiāng | river |
| 2. 船 | （名）chuán | boat; ship |

专有名词 Proper Nouns

1. 黄浦江	HuángpǔJiāng	the Huangpu River
2. 金茂大厦	JīnmàoDàshà	the Jinmao Tower
3. 东方明珠塔	DōngfāngMíngzhūtǎ	the Oriental Pearl TV Tower

熟读上文并标出声调，然后判断对错 Read the passage above and write down the corresponding tone -marks. Decide whether the following sentences are ture or false

1. 外滩的建筑都是一百年以前的。 （　　）
2. 浦西在黄浦江的西面，浦东在黄浦江的东面。 （　　）
3. 浦东的建筑都不太新。 （　　）
4. 金茂大厦是上海最高的建筑。 （　　）
5. 金茂大厦离东方明珠塔不近。 （　　）
6. 在东方明珠塔上面可以看到上海的风景。 （　　）
7. 从浦东到浦西不可以坐公共汽车。 （　　）
8. 黄浦江上面的桥都很大。 （　　）

附 ## 交通工具 Public Transport

1. 轿车 jiàochē
2. 摩托车 mótuōchē
3. 吉普车 jípǔchē
4. 电车 diànchē
5. 货车 huòchē
6. 自行车 zìxíngchē
7. 火车 huǒchē
8. 飞机 fēijī
9. 船 chuán
10. 双层公共汽车
shuāngcéng gōnggòngqìchē

汉字 Chinese Characters

偏旁 Radicals	名称 Names	例字 Examples
𧾷	足字旁 zúzìpáng	路　跑　跳
刂	立刀旁 lìdāopáng	到　刻　剧
冂	同字匡 tóngzìkuāng	同　网　周
走	走字底 zǒuzìdǐ	趣　起　超

注释 Notes

1 副词 "就" The adverb 就

(1) 表示两件事紧接着发生，"就" 用在第二个动词前面。

To indicate two events happening in succession, 就 is used before the second verb.

吃了午饭，我和玛丽就去参观博物馆了。

(2) 加强肯定。

To further confirm an action.

上海博物馆就在人民广场。

(3) 表示很短时间内即将发生。

To indicate an action will happen in the near future.

我们马上就来。

2 "动词＋了＋时量" 表示动作从开始到完成持续多长时间。

"Verb+ 了 +duration" indicates the length of time when an action has lasted from the beginning to the end.

我们参观了大约两个小时。

昨天我看了一个晚上（的）电视。

LESSON 15

第十五课
去中国朋友家做客

生词 New Words

1. 做客		zuòkè	be a guest
2. 已经	（副）	yǐjing	already
3. 系	（名）	xì	department (in a university)
4. 年级	（名）	niánjí	grade
5. 互相	（副）	hùxiāng	each other
6. 给	（介）	gěi	for; to
7. 帮助	（动、名）	bāngzhù	to help
8. 口语	（名）	kǒuyǔ	spoken language
9. 因为	（连）	yīnwèi	because
10. 过	（助）	guo	*a structural word (indicating completion of action as an experience)*
11. 所以	（连）	suǒyǐ	so
12. 普通话	（名）	pǔtōnghuà	standard Chinese pronunciation
13. 话	（名）	huà	word; talk
14. 电话	（名）	diànhuà	telephone
15. 请	（动）	qǐng	to invite; to ask for

16. 生日	（名）	shēngrì	birthday
17. 地	（助）	de	*a structural word*
18. 答应	（动）	dāying	to agree; to promise
19. 电脑	（名）	diànnǎo	computer
20. 束	（量）	shù	*a measure word*
21. 鲜花	（名）	xiānhuā	fresh flowers
22. 香蕉	（名）	xiāngjiāo	banana
23. 橘(桔)子	（名）	júzi	tangerine; mandarin orange
24. 天气	（名）	tiānqì	weather
25. 一…就…		yī…jiù…	as soon as
26. 出	（动）	chū	be out
27. 介绍	（动）	jièshào	to introduce
28. 父母	（名）	fùmǔ	parents
29. 母亲	（名）	mǔqin	mother
30. 所	（量）	suǒ	*a measure word*
31. 医院	（名）	yīyuàn	hospital
32. 护士	（名）	hùshi	nurse
33. 父亲	（名）	fùqin	father
34. 工程师	（名）	gōngchéngshī	engineer
35. 工厂	（名）	gōngchǎng	factory
36. 热情	（形）	rèqíng	enthusiastic
37. 倒	（动）	dào	to pour
38. 茶	（名）	chá	tea
39. 糖	（名）	táng	candy; sugar
40. 什么的	（代）	shénmede	and so on
41. 奶奶	（名）	nǎinai	granny
42. 健康	（形）	jiànkāng	healthy
43. 长寿	（形）	chángshòu	long life
44. 觉得	（动）	juéde	to think; to feel
45. 好客	（形）	hàokè	hospitable
46. 幸福	（形）	xìngfú	happy

wǒ lái Zhōngguó yǐjing sān ge yuè le zài dàxué li
我 来 中国 已经 三 个 月 了。在 大学 里，

wǒ rènshi le yí wèi Zhōngguó péngyou tā jiào
我 认识 了一 位 中国 朋友。 他 叫

Wáng Fāng shì Zhōngwénxì sānniánjí de xuéshēng
王 方，是 中文系 三年级 的 学生。

měitiān xiàwǔ wǒmen zài yìqǐ hùxiāng xuéxí tā
每天 下午 我 们 在一起 互相 学习。他

gěi wǒ fǔdǎo Hànyǔ wǒ bāngzhù tā xuéxí Yīngyǔ
给 我 辅导 汉语，我 帮助 他 学习 英语

kǒuyǔ yīnwèi tā yǐqián zài Běijīng zhùguo suǒyǐ tā
口语。 因为 他 以前 在 北京 住过，所以 他

de pǔtōnghuà shuōde tèbié hǎo
的 普通话 说得 特别 好。

jǐtiān qián Wáng Fāng gěi wǒ dǎ diànhuà qǐng wǒ
几天 前，王 方 给 我 打 电话， 请 我

hé Mǎlì zhōumò qù tā jiā wánr yīnwèi xīngqī liù shì
和 玛丽 周末 去 他 家 玩儿，因为 星期 六 是

tā de shēngrì wǒmen
他 的 生日。 我们

gāoxìng de dāying le
高兴 地 答应 了。

Wáng Fāng hěn xǐhuan
王 方 很 喜欢

diànnǎo suǒyǐ wǒ gěi Wáng Fāng mǎi le yì běn zuì xīn
电脑，　　　所以　我　给　王　方　买　了一本　最　新

de diànnǎo shū Mǎlì mǎile yí shù piàoliang de xiānhuā
的　电脑　书。玛丽　买了　一　束　漂亮　的　鲜花。

wǒmen hái mǎi le yìxiē xiāngjiāo hé júzi
我们　还买了一些　香蕉　和　橘子。

　　xīngqīliù shàngwǔ tiānqì hěnhǎo wǒmen chī le
　　星期六　　上午　天气　很好。　我们　吃了

zǎo fàn jiù zuò dìtiě qù Wáng Fāng jiā tā jiā lí dìtiě
早　饭　就坐　地铁　去　王　方　家。他　家离　地铁

zhàn bú tài yuǎn wǒ yǐqián qùguo yí cì wǒmen yì
站　不太　远，我　以前　去过　一　次。我们　一

chū dìtiězhàn jiù kàndào Wáng Fāng zài děng wǒmen
出　地铁站　就　看到　王　方　在　等　我们。

　　dàole Wáng Fāng jiā Wáng Fāng jiù gěi wǒmen
　　到了　王　方　家，王　方　就　给　我们

jièshào tā fù mǔ tā mǔqin zài yì suǒ yīyuàn dāng hù
介绍　他　父母。他　母亲　在一所　医院　当　护

shi tā fùqin shì gōngchéngshī zài gōngchǎng gōngzuò
士。他　父亲是　工程师，　在　工厂　工作。

Wáng Fāng de māma rèqíng de gěi wǒmen dào chá
王　方　的　妈妈　热情　地给　我们　倒　茶，

hái qǐng wǒmen chī táng diǎnxīn shénme de Wáng Fāng
还　请　我们　吃糖、点心　什么　的。王方

de bàba qùguo liǎng cì Měiguó Yīngyǔ shuō de hěn
的　爸爸　去过　两次美国，英语　说　得　很

hǎo wǒmen gēn tā yìqǐ liáotiān liáo de hěn yúkuài
好。我们 跟 他 一起 聊天 聊 得 很 愉快。

Wáng Fāng de nǎinai yě gēn tāmen yìqǐ zhù tā yǐjing
王 方 的 奶奶 也 跟 他们 一起 住，她 已经

qīshí duō suì le tā měitiān zǎoshang dōu duànliàn
七十 多 岁了。她 每天 早上 都 锻炼

yí ge xiǎoshí suǒyǐ shēntǐ hěn jiànkāng
一个 小时，所以 身体 很 健康。

zhōngwǔ wǒmen yìqǐ chīfàn Wáng Fāng de māma
中午 我们 一起 吃饭。王 方 的 妈妈

gěi wǒmen zuò le hěnduō hǎochī de cài yǒu xiē cài
给 我们 做了 很多 好吃 的 菜。有 些 菜

wǒ hé Mǎlì yǐqián dōu
我 和 玛丽 以前 都

méi chīguo tāmen hái
没 吃过。他们 还

qǐng wǒmen chī miàntiáo
请 我们 吃 面条，

wèi shénme shēngrì chī
为 什么 生日 吃

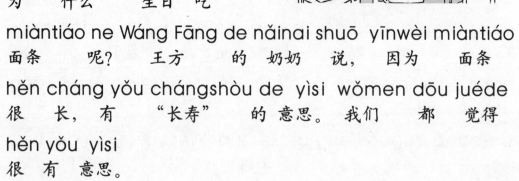

miàntiáo ne Wáng Fāng de nǎinai shuō yīnwèi miàntiáo
面条 呢？王 方 的 奶奶 说，因为 面条

hěn cháng yǒu chángshòu de yìsi wǒmen dōu juéde
很 长，有 "长寿" 的 意思。我们 都 觉得

hěn yǒu yìsi
很 有 意思。

wǒmen zài Wáng Fāng jiā wánle yìtiān wán de hěn
我们 在 王 方 家玩了 一天, 玩 得 很

gāoxìng tāmen yì jiā yòu rèqíng yòu hàokè zhēn shì
高兴。 他们 一 家 又 热情 又 好客, 真 是

yí ge xìngfú de jiātíng
一个 幸福 的 家庭。

生词 New Words

1. 喂	（叹）	wèi	hello; hey
2. 事儿	（名）	shìr	thing; affair; matter
3. 后天	（名）	hòutiān	the day after tomorrow
4. 送	（动）	sòng	to give as a present
5. 礼物	（名）	lǐwù	gift; present
6. 毛笔	（名）	máobǐ	writing brush
7. 那么	（连）	nàme	then; in that case
8. 茶叶	（名）	cháyè	tea leaves
9. 主意	（名）	zhǔyi	idea
10. 蛋糕	（名）	dàngāo	cake
11. 祝	（动）	zhù	to offer good wishes
12. 快乐	（形）	kuàilè	happy
13. 明年	（名）	míngnián	next year
14. 参加	（动）	cānjiā	to take part in; to join
15. 好久	（名）	hǎojiǔ	long time
16. 晚会	（名）	wǎnhuì	evening party
17. 年	（名）	nián	year
18. 飞机	（名）	fēijī	air plane
19. 机场	（名）	jīchǎng	airport
20. 接	（动）	jiē	to welcome; to meet

1

杰克: 喂, 是 玛丽 吗?
wèi shì Mǎlì ma

玛丽: 是 我, 有 什么 事儿?
shì wǒ yǒu shénme shìr

杰克: 后天 是 李 老师 的 生日。你
hòutiān shì Lǐ lǎoshī de shēngrì nǐ
说, 我们 送 什么 礼物 呢?
shuō wǒmen sòng shénme lǐwù ne

玛丽: 送 毛笔 吧, 李 老师 很 喜欢
sòng máobǐ ba Lǐ lǎoshī hěn xǐhuan
书法。
shūfǎ

杰克: 我 已经 送 过 一 次 了。
wǒ yǐjing sòng guo yí cì le

玛丽: 那么 送 茶叶 怎么样? 中国人 都 喜欢 喝 茶。
nàme sòng cháyè zěnmeyàng Zhōngguórén dōu xǐhuan hē chá

杰克: 这 个 主意 不错, 就 送 茶叶 吧!
zhè ge zhǔyi búcuò jiù sòng cháyè ba

2

玛丽: 今天 是 我 生日, 我 请 你们 吃 生日 蛋糕。
jīntiān shì wǒ shēngrì wǒ qǐng nǐmen chī shēngrì dàngāo

安娜: 谢谢! 祝 你 生日 快乐!
xièxie zhù nǐ shēngrì kuàilè

皮尔: 这 是 你 第一 次 在 中国
zhè shì nǐ dì yī cì zài Zhōngguó
过 生日 吗?
guò shēngrì ma

玛丽: 不, 我 已经 在 中国 过过
bù wǒ yǐjing zài Zhōngguó guòguo

yícì shēngrì le zhè shì dì 'èr cì nǐne
一次 生日 了，这是 第二 次。你呢？

háiméi guòguo ne míngnián wǒ guò shēngrì qǐng nǐmen lái cānjiā
皮尔： 还没 过过 呢！明年 我 过 生日， 请 你们 来 参加

wǒ de shēngrì wǎnhuì
我 的 生日 晚会。

hǎo a
玛丽、安娜： 好 啊！

wèi wǒ shì Liúhóng
刘红： 喂， 我 是 刘红。

shì nǐ a hǎojiǔ bújiàn le
王方： 是 你 啊！好久 不见 了。

shì a wǒmen yǐjing sān nián duō méi jiànmiàn le
刘红： 是 啊，我们 已经 三 年 多 没 见面 了。

nǐ guò de zěnmeyàng
王方： 你 过 得 怎么样？

hái kěyǐ xià ge xīngqī wǒ yào qù Shànghǎi
刘红： 还 可以。下 个 星期 我 要 去 上海。

zhēnde tài hǎo le fēijī shénme shíhou dào wǒ qù jīchǎng jiē nǐ
王方： 真的？ 太 好 了！飞机 什么 时候 到？我 去 机场 接 你。

xià xīngqī sān shàngwǔ shídiǎn
刘红： 下 星期 三 上午 十点

dào
到。

hǎo nàme xià xīngqī sān jiàn
王方： 好， 那么 下 星期 三 见。

zàijiàn
刘红： 再见！

句型 Sentence Structure

1 他以前去过北京吗？／他以前去过北京没有？／他以前去没去过北京？
他以前去过北京。／他以前没去过北京。

2 他去过两次美国。
我已经在中国过过一次生日了。

3 我们高兴地答应了。
王方的妈妈热情地给我们倒茶。

4 因为他以前在北京住过，所以他的普通话说得特别好。
为什么生日吃面条呢？因为面条很长，有 "长寿" 的意思。
（因为）她每天早上都锻炼一个小时，所以身体非常健康。

5 我们一起床就坐地铁去王方家。
我们一出地铁站就看到王方在站台上等我们。

6 我来中国已经三个月了。
我已经学了三个月了。

7 王方给我打电话。
王方的妈妈给我们做了很多好吃的菜。

8 王方请我和玛丽周末去他家玩儿。
他们还请我们吃面条。

练习 Exercises

一 内容理解 Comprehension

A 根据课文内容选择正确答案 Choose the correct answer according to the text

1. 王方是谁？
   A. 杰克最好的朋友。
   B. 杰克在中国大学的朋友。
   C. 杰克认识了三年的朋友。

2. 王方的普通话怎么样？
   A. 很好，因为他是中国人。
   B. 很好，因为他去过北京。
   C. 很好，因为他以前在北京住过。

3. 王方为什么给杰克打电话？
   A. 因为玛丽周末想去他家玩儿。
   B. 因为星期六是杰克的生日。
   C. 因为王方生日，想请他们去他家。

4. 下面哪句话是对的？
   A. 杰克的礼物是一本书。
   B. 王方喜欢电脑，所以杰克买了一个电脑。
   C. 玛丽买了一束鲜花，因为王方喜欢花儿。

5. 下面哪句话是对的？
    A. 他们起床后马上就去王方家了。
    B. 从王方家到地铁站不太远。
    C. 杰克和玛丽以前没去过王方家。

6. 王方父母做什么工作？哪句话是对的？
    A. 爸爸是工厂的工程师。
    B. 爸爸现在在美国工作。
    C. 妈妈当过护士。

7. 为什么他们吃面条？
    A. 因为杰克和玛丽以前没吃过。
    B. 因为王方生日。
    C. 因为王方的奶奶很长寿。

B 根据会话判断下列句子的对错 Decide whether the following sentences are true or false according to the dialogues

1. 李老师生日，杰克送了毛笔，玛丽送了茶叶。   (   )
2. 杰克送过毛笔，他不想再送。   (   )
3. 玛丽第一次在中国过生日。   (   )
4. 皮尔没在中国过过生日。   (   )
5. 王方下个星期去机场接从上海来的朋友。   (   )
6. 王方跟他的朋友已经很久没见面了。   (   )

二 读读写写 Read and write

互相学习	互相帮助	介绍父母	介绍女朋友
给我打电话	给我辅导汉语	给我们倒茶	给我们介绍
高兴地答应	热情地倒茶	认真地说	愉快地聊天
送过一次	去过两次美国	见过他一次	吃过一次面条
请我们吃糖果	请我去他家玩儿	请我们吃面条	请朋友吃饭

三 用课文中的生词填空 Fill in the blanks using the new words

1. 我们两个人常常在一起 _____ 学习。
2. 祝你身体 _____，生活愉快。
3. 欢迎你来 _____ 我们班的晚会。
4. 老师给我们 _____ 新来的同学。

5. 他 ＿＿＿＿＿ 他太太以后不喝酒了。

6. 她是一个好人，常常 ＿＿＿＿＿ 一些她不认识的人。

7. 这个饭店的服务员 ＿＿＿＿＿ 地给我们介绍这里有名的菜。

8. 他有很多钱，但是他不太 ＿＿＿＿＿。

9. 给中国朋友送 ＿＿＿＿＿ 不要送"钟"。

10. 她有一个 ＿＿＿＿＿ 的家庭。

四　用"的、地、得"填空　Fill in the blanks with 的, 地 or 得

1. 他画风景画＿＿＿＿＿最好。

2. 你去超市买些橘子、蛋糕什么＿＿＿＿＿。

3. 两个小孩，大＿＿＿＿＿八岁，小＿＿＿＿＿三岁。

4. 她的房间打扫＿＿＿＿＿很干净。

5. 他们很热情＿＿＿＿＿帮助我学习中文。

6. 李老师认真＿＿＿＿＿看了每个学生＿＿＿＿＿作业。

7. 每个人都想过幸福＿＿＿＿＿生活。

8. 他给我们简单＿＿＿＿＿介绍了几个城市。

五　请选择正确的位置　Put the words in bracket at the appropriate place

1. ＿A＿ 很长时间 ＿B＿ 给你 ＿C＿ 打电话了。（没）

2. 他来了以后，我们没有 ＿A＿ 说 ＿B＿ 话 ＿C＿ 。　（很多）

3. 这些都是我 ＿A＿ 小时候 ＿B＿ 拍 ＿C＿ 照片。（的）

4. 现在我已经 ＿A＿ 可以 ＿B＿ 说中文了 ＿C＿ 。（跟中国朋友）

5. ＿A＿ 我 ＿B＿ 每天 ＿C＿ 看见她在那座桥上等人。（都）

6. 下课以后，＿A＿ 老师 ＿B＿ 给我们 ＿C＿ 辅导。　（常常）

7. 我们到了工厂，＿A＿ 厂长 ＿B＿ 给我们 ＿C＿ 介绍了那位工程师。（就）

8. 你 ＿A＿ 下车就可以 ＿B＿ 看到 ＿C＿ 东方明珠塔。（一）

9. 那个老师 ＿A＿ 教 ＿B＿ 口语 ＿C＿ 课很有意思。　（的）

10. ＿A＿ 去年我第一次 ＿B＿ 过生日 ＿C＿ 。（在中国）

11. 昨天，我 ＿A＿ 找过 ＿B＿ 你 ＿C＿ 。（三次）

12. ＿A＿ 我学过 ＿B＿ 电脑 ＿C＿ 。（一年）

13. 从上个星期到 ＿A＿ 现在，他没洗 ＿B＿ 澡 ＿C＿ 。（过）

14. ＿A＿ 请你 ＿B＿ 介绍介绍你的国家 ＿C＿ 。（给我们）

六 | 改错 Rewrite the following sentences correctly

1. 她在市政府三年工作过。
2. 昨天我们去过参观新机场。
3. 我没看了电影就去银行了。
4. 你昨天给我打电话过吗？
5. 我常常看到了他打网球在运动场。
6. 我爸爸去过北京，还没回上海。
7. 他没听了中国音乐，也没看了中国电影。
8. 我去中国朋友家做客过。
9. 你一下了火车就给我打个电话。
10. 他以前当了翻译，现在是我们公司的工程师。

七 | 请用"因为"或"所以"连接下面的句子 Match up the following parts as complete sentences with 因为 or 所以

因为		所以	
	明天是姐姐的生日		他去博物馆参观过三次
	她是一个快乐的人		他考试考得不太好
	天气不好		我想请她吃饭
	我奶奶常常锻炼		她现在开始复习
	小李帮助过我		我没去动物园玩儿
	学习不太努力		她身体很健康
	杰克很喜欢中国古代文化		大家都很喜欢她
	安娜想参加七月的 HSK 考试		我要去商店买礼物

185

八 | 请用"一…就…"完成句子 Complete the following sentences with 一…就…

1. 这首歌他一听 _____
2. 她一看见我 _____
3. 我们一下飞机 _____
4. 医院离这儿不远，你往左一拐 _____
5. 他一到家 _____

1. A: 来中国以后，你去过动物园吗？
   B:
   A: 你去过几次？
   B:

2. A: 你以前做过什么工作？
   B: ，还
   A:
   B: 我做过一年。

3. A: 你看过《我的父亲母亲》这部电影吗？
   B: 。你呢？
   A: 我已经 ，还想看一遍。
   B:

4. A: ，你都不在。
   B: 啊，警察？为什么找我？
   A: 他们问你上个星期见过楼下的小张没有。
   B:

十 你买了很多礼物，这些礼物给谁呢？说明为什么 The picture below contains the presents you have bought. Who would you give these presents to? Please give a reason

父母、兄弟姐妹、
爱人、孩子、
朋友、老师

中国人的姓

中国人的姓大约有几千个，但是常用的只有几百个。有一本书叫《百家姓》，就介绍了中国常用的姓。这些姓中，用得最多的有十九个（50%以上）：

李 王 张 刘 陈 杨 赵 黄 周 吴
徐 孙 胡 朱 高 林 何 郭 马

人们介绍自己的姓也很有意思。姓李的人说："我姓李，木子李"；姓陈的人说："我姓陈，耳东陈"；姓张的人说："我姓张，弓长张"。你知道为什么吗？问一问你的老师或者朋友吧！

1. 中	（名）zhōng	among
2. 人们	（名）rénmen	people
3. 木	（名）mù	wood
4. 耳	（名）ěr	ear
5. 弓	（名）gōng	bow

给上面的姓都写上拼音，说一说姓"刘、吴、孙、胡、林"的人怎么介绍他们的姓。你还知道哪些中国的姓 Write down the tone-marks for the surnames contained in the passage above. Explain how one would introduce his surname（刘, 吴, 孙, 胡 and 林）. What other surnames do you know

附 | 职业 Occupation

司机 sījī　　运动员 yùndòngyuán　　医生 yīshēng　　护士 hùshi　　警察 jǐngchá

厨师 chúshī   演员 yǎnyuán   服务员 fúwùyuán   律师 lùshī   军人 jūnrén

汉字 Chinese Characters

偏旁 Radicals	名称 Names	例字 Examples
月	月字旁 yuèzìpáng	朋 服 期
礻	示字旁 shìzìpáng	礼 视 福
禾	禾木旁 hémùpáng	利 和 种
目	目字旁 mùzìpáng	看 睡 眼

注释 Notes

1 助词 "过" The particle 过

动态助词 "过" 放在动词后边，表示动作曾在过去发生，强调经验；否定式是 "没（有）+ 动词 + 过"；如动词后有宾语，宾语一定要放在 "过" 之后；如要询问是否有某种经历时，可以在用 "过" 的陈述句尾加 "没有" 或 "吗"，或者并列动词的肯定式和否定式。

过 is used after a verb to express an experience in the past. The negative form is 没（有）+verb+ 过. If the verb takes an object, the object should be placed after 过. When inquiring whether an action has taken place as a past experience, 没有 or 吗 is added to the end of sentence with 过 or parallel the affirmative and the negative forms of the verb.

你学过汉语没有？/ 你学过汉语吗？/ 你学没学过汉语？

我学过汉语。

我没学过汉语。

2 动量补语 The complement of frequency

由动量词构成的数量词组放在动词后边作动量补语，表示动作的次数，如"次、遍、回、趟、下儿"等等。

As a complement of frequency, a numeral-verbal measure word phrase is used after a verb to indicate the frequency of an action. For example 次, 遍, 回, 趟, 下儿, etc.

请再说一遍。

我去过两次。

3 结构助词"的、地、得" The structural particles 的, 地, 得

"的"是附在定语后边的助词，"地"是附在状语后边的助词，"得"是附在动词、形容词后边、补语前边的助词。

的 is after an attributive. 地 is after an adverbial. 得 is between a verb or an adjective and a complement.

4 兼语句 Pivotal Sentences

一个句子里有两个谓语，前一个谓语的宾语兼作后一谓语的主语。第一个谓语动词常是带有请求、使令、引导等意义的，如"请、叫、让、使……"

A pivotal sentence has two predicates. Of the two predicates, the object of the first predicate is, at the same time, the subject of the second one. In general, the first predicate verb can indicate a request, command, etc.

王方请我们去他家玩儿。

5 固定格式"一…就…"表示两件事紧接着发生。

一…就… indicates two events happening in succession.

我一起床就去他家。

我们一出地铁站就看见王方在站台上等我们。

LESSON 16

第十八课
在邮局

生词 New Words

1. 邮局	（名）yóujú	post office
2. 收到	shōudào	to receive
3. 包裹	（名）bāoguǒ	parcel
4. 寄	（动）jì	to post; to mail
5. 知道	（动）zhīdào	to know
6. 取	（动）qǔ	to collect (a parcel); to draw (money)
7. 陪	（动）péi	to accompany
8. 附近	（名）fùjìn	nearby
9. 可是	（连）kěshì	but
10. 信	（名）xìn	letter
11. 对	（介）duì	to
12. 营业员	（名）yíngyèyuán	shop assistant
13. 证件	（名）zhèngjiàn	credentials
14. 单	（名）dān	bill; list
15. 护照	（名）hùzhào	passport
16. 应该	（助动）yīnggāi	should
17. 挂号信	guàhàoxìn	registered letter

18. 又	（副）yòu	again; and
19. 信封	（名）xìnfēng	envelope
20. 邮票	（名）yóupiào	stamp
21. 告诉	（动）gàosu	to tell
22. 能	（助动）néng	can
23. 发	（动）fā	to send out; to deliver
24. 传真	（名）chuánzhēn	fax
25. 长途	（名）chángtú	long-distance
26. 国内	（名）guónèi	internal; domestic
27. 国际	（名）guójì	international
28. 卡	（名）kǎ	card
29. 然后	（副）ránhòu	then
30. 费	（名）fèi	fee
31. 只	（副）zhǐ	only
32. 墙	（名）qiáng	wall
33. 广告	（名）guǎnggào	advertisement
34. 快递	（名）kuàidì	express service
35. 服务	（名、动）fúwù	service; to serve
36. 去年	（名）qùnián	last year
37. 方法	（名）fāngfǎ	way; method
38. 出来	chūlai	to come out
39. 挤	（动、形）jǐ	to crowd; crowded
40. 排队	páiduì	to line up
41. 半天	bàntiān	a long time
42. 不好意思	bùhǎoyìsi	be sorry; to feel bashful
43. 让	（动）ràng	to let
44. 这么	（代）zhème	so; such
45. 习惯	（动、名）xíguàn	used to; habit

shàng xīngqī'èr wǒ shōu dào le yì zhāng bāoguǒdān
上 星期二，我 收 到 了一张 包裹单。

zhè ge bāoguǒ shì māma jì lai de wǒ bù zhīdào
这 个 包裹 是 妈妈 寄来的。我 不 知道

zěnme qǔ bāoguǒ suǒyǐ qǐng Wáng Fāng péi wǒ yìqǐ
怎么 取 包裹，所以 请 王方 陪我 一起

qù yóujú yóujú jiù zài xuéxiào fùjìn wǒmen shì qí
去 邮局。邮局 就 在 学校 附近，我们 是 骑

zìxíngchē qù de
自行车 去 的。

zhè ge yóujú bú dà kěshì hěn gānjìng yóujú li rén
这 个 邮局 不 大，可是 很 干净。 邮局 里 人

fēicháng duō yǒude zài jì xìn yǒude zài dǎ diànhuà
非常 多， 有的 在 寄信， 有的 在 打 电话，

yǒude zài mǎi zázhì wǒ duì yíngyèyuán xiǎojiě shuō
有的 在 买 杂志。我 对 营业员 小姐 说：

wǒ yào qǔ bāoguǒ shì cóng Yīngguó jì lai de yíngyèyuán
"我 要 取 包裹，是 从 英国 寄来 的。" 营业员

shuō qǐng gěi wǒ nǐ de zhèngjiàn hé bāoguǒdān tā kàn
说："请 给 我 你 的 证件 和 包裹单。" 她 看

le wǒ de hùzhào hé bāoguǒdān mǎshàng jiù zhǎodào
了 我 的 护照 和 包裹单， 马 上 就 找到

le nà ge bāoguǒ
了 那 个 包裹。

wǒ hái xiǎng gěi Yīngguó de péngyou jì jǐ zhāng
我 还 想 给 英国 的 朋友 寄几 张

zhàopiàn shì qián jǐtiān pāi de Wáng Fāng shuō
照片, 是 前 几天 拍 的。 王 方 说

zhàopiàn yīnggāi jì guàhàoxìn jì le xìn wǒ yòu mǎile
照片 应该 寄 挂号信。 寄 了 信, 我 又 买 了

yìxiē xìnfēng hé yóupiào Wáng Fāng gàosu wǒ zhèr hái
一些 信封 和 邮票。 王 方 告诉 我 这儿 还

néng fā chuánzhēn dǎ chángtú diànhuà guónèi guójì
能 发 传真、 打 长途 电话, 国内、 国际

de dōu kěyǐ wǒ xiān mǎile liǎng zhāng diànhuà kǎ
的 都 可以。我 先 买 了 两 张 电话 卡,

ránhòu dǎ le yí ge diànhuà gěi māma gàosu tā wǒ
然后 打 了 一 个 电话 给 妈妈, 告诉 她 我

yǐjing shōudào tā jì de bāoguǒ le diànhuà fèi hěn guì
已经 收到 她 寄 的 包裹 了。电话 费 很 贵,

wǒ zhǐ dǎ le wǔ fēnzhōng
我 只 打 了 五 分钟。

wǒ zài yóujú hái kàndào
我 在 邮局 还 看 到

qiángshang yǒu yì zhāng
墙上 有 一 张

guǎnggào shàngmian yǒu gè
广告, 上面 有 各

zhǒng xiānhuā de zhàopiàn
种 鲜花 的 照片。

Wáng Fāng gàosu wǒ zhè shì yóujú de xiānhuā kuàidì
王　方　告诉我　这是邮局　的　鲜花　快递
fúwù qùnián tā péngyou guò shēngrì tā jiùshì zài zhèr gěi
服务。去年　他　朋友　过　生日，他　就是　在　这儿　给
tā jì xiānhuā kuàidì de wǒ juéde zhège fāngfǎ
她寄　鲜花　快递　的。我　觉得　这个　方法
búcuò yǐhòu wǒ yě shìshi
不错，　以后我　也　试试。

　　cóng yóujú chū lai Wáng Fāng shuō tā yào qù
　　从　邮局　出来，王　方　说他要去
yínháng qǔqián yínháng jiù zài yóujú pángbiān kěshì
银行　取钱。　银行　就　在　邮局　旁边，　可是
yínháng li de rén tài duō
银行　里的人太多

le hěn jǐ Wáng Fāng
了，很挤。王　方

páiduì pái le bàntiān qǔ
排队　排了半天。取

dào qián yǐhòu tā duì
到　钱以后，他对

wǒ shuō zhēn bùhǎoyìsi ràng nǐ děng le zhème cháng
我　说："真　不好意思！让你　等了这么　长
shíjiān wǒ shuō méiguānxi lái Zhōngguó yǐhòu wǒ
时间。"我　说："没关系，来　中国　以后，我
yǐjing xíguàn le
已经　习惯了。"

1. 改	（动）gǎi	to change; to correct
2. 一下（儿）	yíxià(r)	*used after a verb to indicate a brief action*; one time
3. 号码	（名）hàomǎ	number
4. 记	（动）jì	to writer down
5. 贴	（动）tiē	to paste; to stick
6. 航空信	（名）hángkōng xìn	air mail
7. 不行	bùxíng	no
8. 零钱	（名）língqián	small change
9. 手表	（名）shǒubiǎo	watch
10. 手机	（名）shǒujī	mobile phone
11. 上网	shàngwǎng	to surf the Internet
12. 电子邮件	（名）diànzǐyóujiàn	E-mail
13. 开	（动）kāi	to open
14. 按	（动）àn	to press
15. 这样	（代）zhèyàng	so; such
16. 聪明	（形）cōngming	intelligent; clever

专有名词 **Proper Nouns**

特快专递	Tèkuài Zhuāndì	EMS

会话 **Dialogues**

1

qǐngwèn jìdào Měiguó yīnggāi tiē duōshaoqián de yóupiào
皮尔：请问，寄到 美国 应该 贴 多少钱 的 邮票？
hángkōngxìn wǔkuài sìmáo
营业员：航空信 五块 四毛。
xièxie wǒ hái xiǎng wèn yíxià zhèr néngbunéng jì Tèkuài Zhuāndì
皮尔：谢谢！我 还 想 问 一下，这儿 能不能 寄 特快 专递？

duìbuqǐ bù xíng jì Tèkuài Zhuāndì yīnggāi dào dà de yóujú qù
营业员: 对不起, 不行。寄 特快 专递 应该 到大 的 邮局 去。

nàme kěyǐ dǎ guójì chángtú ma
皮尔: 那么, 可以 打 国际 长途 吗?

xíng nǐ mǎi le diànhuàkǎ jiù néng dǎ
营业员: 行, 你买了 电话卡 就能 打。

xièxie wǒ mǎi yì zhāng yì bǎi kuài de
皮尔: 谢谢! 我买一张一百块的

diànhuà kǎ zài mǎi wǔ kuài sì máo
电话 卡, 再买五块四毛

yóupiào gěi nǐ liǎng bǎi kuài
邮票。给你两百块。

yǒu língqián ma
营业员: 有 零钱 吗?

duìbuqǐ méiyǒu
皮尔: 对不起, 没有。

2

Mǎlì zuótiān wǒ gěi nǐ dǎ guo jǐ cì diànhuà kěshì dōu méi rén jiē
安娜: 玛丽, 昨天 我给你打过几次 电话, 可是 都 没人 接。

à wǒ wàng le gàosu nǐ wǒ de diànhuà hàomǎ gǎi le
玛丽: 啊, 我 忘 了告诉你, 我的 电话 号码 改了。

shì ma nǐ děng yí xià wǒ jì yí xià hǎo nǐ shuō ba
安娜: 是 吗? 你 等 一下, 我记一下。好, 你 说 吧!

liù bā líng èr qī sì jiǔ yāo
玛丽: 6 8 0 2 7 4 9 1。

wǒ zài shuō yí biàn liù bā líng èr
安娜: 我 再 说 一 遍, 6 8 0 2

sì qī jiǔ yāo duì ma
4 7 9 1, 对 吗?

bú duì shì qī sì jiǔ yāo
玛丽: 不 对, 是 7 4 9 1。

zhè shì shénme dōngxi wǒ yǐqián méi jiànguo
王方: 这 是 什么 东西? 我 以前 没 见过。

zhè shì yí kuài shǒubiǎo yòu shì yí ge shǒujī hái kěyǐ shàngwǎng
皮尔: 这 是 一 块 手表, 又 是 一 个 手机, 还 可以 上网、

fā diànzǐ yóujiàn
发 电子 邮件。

zhème xiǎo tài yǒuqù le shì zěnme yòng de
王方: 这么 小, 太 有趣 了。是 怎么 用 的?

hěn róngyì xiān dǎkāi zhège ránhòu zài
皮尔: 很 容易。 先 打开 这个, 然后 再

àn yí xià jiù kěyǐ dǎ diànhuà le
按 一 下 就 可以 打 电话 了。

ràng wǒ shìshi shì zhèyàng ma
王方: 让 我 试试, 是 这样 吗?

duì nǐ yì xué jiù huì zhēn cōngming
皮尔: 对。你 一 学 就 会, 真 聪明。

句型 Sentence Structure

1
这个包裹是谁寄来的?
这个包裹是妈妈寄来的。

2
这个包裹是从哪儿寄来的?
这个包裹是从英国寄来的。

3
你们是怎么去的?
我们是骑自行车去的。

4
这些照片是什么时候拍的?
这张照片是前几天拍的。

5
我收到一个包裹。
她马上就找到了那个包裹。

6
王方说照片应该寄挂号信。
寄特快专递应该到大的邮局去。

7
我对营业员小姐说:"我要取包裹,是从英国寄来的。"
我告诉营业员小姐我要取包裹,是从英国寄来的。

8 让你等了这么长时间。
让我试试。

9 请等一下，我来查一下。
我想问一下。

练习 Exercises

一 内容理解 Comprehension

A 根据课文内容排列下列句子 Arrange the following sentences in correct order according to the text

（　）营业员找到了包裹。
（　）杰克又买了一些信封和邮票。
（　）杰克收到了一张包裹单。
（　）杰克给了营业员证件和包裹单。
（　）杰克给妈妈打了一个电话。
（　）王方去银行取钱。
（　）杰克看到一张广告。
（　）杰克买了两张电话卡。
（　）杰克和王方去邮局取包裹。
（　）杰克寄了几张照片。

B 回答下列问题 Answer the following questions

1. 杰克收到的包裹是谁寄的？
2. 杰克和王方是怎么去邮局的？
3. 邮局里的人在干什么？
4. 杰克的包裹是从哪儿寄来的？
5. 杰克给英国的朋友寄了什么东西？
6. 杰克在邮局里买了一些什么东西？
7. 杰克还做了哪些事情？
8. 邮局墙上的广告是什么广告？
9. 他们去银行干什么？
10. 他们在银行等了多长时间？

C 根据会话选择正确的答案 Choose the correct answer according to the dialogues

1. 皮尔去的邮局
   A. 可以寄特快专递
   B. 可以打国际长途
   C. 可以发电子邮件

2. 皮尔在邮局
   A. 打了国际长途
   B. 买了电话卡
   C. 寄了航空信

3. 安娜给玛丽打电话，但是没人接，因为
   A. 玛丽不在
   B. 玛丽的电话不好
   C. 玛丽的电话号码改了

4. 玛丽的电话号码应该是
   A. 68024791
   B. 68027491
   C. 68027419

5. 皮尔的手表可以
   A. 打电话
   B. 看电视
   C. 发传真

6. 皮尔的手表怎么样?
   A. 很贵
   B. 很有意思
   C. 是个礼物

二 读读写写 Read and write

寄信	寄包裹	寄航空信	寄特快专递
取包裹	取钱	发传真	贴邮票
打电话	打长途电话	打国际长途	打国内长途
找到包裹	找到书	收到一封信	收到一个包裹
寄到美国	寄到北京	看到广告	看到熊猫
从英国寄来	从邮局取来	从日本打来	从北京发来
电话费	生活费	学费	书费
对营业员说	对我说	给你写信	给朋友寄照片
是前几天拍的	是从英国寄来的	是骑自行车来的	是妈妈寄的

三 用课文中的生词填空 Fill in the blanks using the new words

1. 这种不好的习惯应该 _____ 一 _____ 。
2. 我现在没钱，下午去银行 _____ 了钱再给你，好吗?
3. 我们在墙上 _____ 一张画儿，怎么样?

4. 小李，你马上给他们公司 _____ 一个传真。

5. 请大家排队，不要往里 _____ 。

6. 小明考试考得不好，妈妈就不 _____ 他看电视。

7. 上个月我的父母来中国，我 _____ 他们玩了一个星期。

8. 请你慢慢地说，我 _____ 一下。

9. 房间里太黑了，你怎么不 _____ 灯？

10. 你 _____ 一下照相机上面那个红色的东西，就能拍照了。

11. _____ 特快专递当然很快，但是很贵。

12. 她每天早上都 _____ 到一束鲜花，但是她不知道是谁送的。

四 请用"又"或"再"填空 Fill in the blanks with 又 or 再

1. 这个苹果 _____ 红 _____ 大。

2. 你的包裹还没到，请你明天 _____ 来吧！

3. 他昨天来过了，今天 _____ 来了。

4. 我去过一次北京，还想 _____ 去一次。

5. 你先做作业，_____ 看电视，知道了吗？

6. 她是我的朋友，_____ 是我的汉语老师。

五 请用"动词 + 到"填空 Fill in the blanks with "verb + 到"

1. 我找他找了半天，但是没 _____ 。

2. 昨天我 _____ 了一封从韩国寄来的信。

3. A: 快告诉我，你 _____ 了什么？

   B: 我 _____ 前面有很多警察。

4. 这个包裹您 _____ 哪儿？

5. 电话卡你 _____ 了没有？

6. 我们从人民广场 _____ 外滩，累极了。

7. 这个传真是 _____ 日本的。

8. 有人在唱歌，你 _____ 了没有？

9. _____ 家，我觉得舒服极了。

10. 我昨天去银行取钱，但是没 _____ 。

11. 我 _____ 现在，已经等了一个多钟头了，但他还没来。

12. A: 前天你看电视 _____ 什么时候？

   B: 十二点。

根据实际情况回答问题 Answer the following questions

1. 你是什么时候来中国的？_____

2. 你是从哪个国家来的？_____

3. 你是不是坐火车来的？_____

4. 你是跟谁一起来的？_____

5. 你学过汉语吗？你是什么时候学的？_____

6. 你去过外滩吗？你是怎么去的？_____

7. 你现在穿的衣服和鞋子是谁买的？是在哪儿买的？_____

8. 你昨天晚上是在哪儿吃的饭？_____

七 用"是…的"完成句子 **Complete the following sentences with 是…的**

1. A: 这是你的钱包吗？
   B: 对。_____？
   A: 在桌子下面。

2. A: 照片上的人是我的女朋友。
   B: _____？
   A: 两年以前。

3. A: 这些花儿真漂亮，_____？
   B: 是我朋友。
   A: _____？
   B: 昨天。因为昨天我生日。

4. A: _____？
   B: 我是跟我先生一起来的。
   A: _____？
   B: 先坐火车到上海，再坐地铁到浦东。

5. A: 先生，请问，有没有玛丽的包裹？
   B: _____？
   A: 美国。
   B: _____？
   A: 大约一个星期以前。
   B: 哦！还没到呢。请再过两天来看看。

A 请把下面的会话改成陈述句 Rewrite the following dialogues as declarative sentences

> 小张：你是什么时候来北京的？
> 小李：去年三月。
> 小张问小李是什么时候来北京的，小李告诉他是去年三月来的。

1. 小张：你找到护照了吗？
   小李：找到了，是小刘帮我找到的。
2. 小张：明天中午你来我家吃饭吧！
   小李：对不起，明天我没时间，我要陪我父母去医院。
3. 小张：今天小刘给你打了个电话，请你下课以后在车站等他。
   小李：什么什么？你再说一遍，好吗？

B 请把下面的陈述句改写成对话 Rewrite the following declarative sentences as dialogues

> 我问小李他的姐姐在哪儿工作，他告诉我他的姐姐在邮局工作。
> 我：你的姐姐在哪儿工作？
> 小李：我的姐姐在邮局工作。

1. 小王说他前天给小黄发过一个电子邮件，但是小黄说他没收到过小王发的电子邮件。
2. 小李告诉小陈他找过她两次，但是她家里没人。小陈告诉他她和她先生去饭店吃饭了。
3. 小刘想请老师给他辅导英语。老师说他现在很忙，但是他可以给小刘介绍别的老师。

九 | 用所给的词完成对话 Complete the following dialogues using the words given below

1. A: 你昨天去哪儿了？
   B: _____ （陪／银行／换）

2. A: 我这几天身体不舒服。

   B: ＿＿＿＿＿＿＿＿＿＿＿＿＿＿＿＿＿＿＿＿＿＿＿＿＿＿ （应该／医院）

3. A: ＿＿＿＿＿＿＿＿＿＿＿＿＿＿＿＿＿＿＿＿＿＿＿＿＿＿ （能／给／拍／照片）

   B: 行，没问题。

4. A: 我们先吃饭还是先买东西？

   B: ＿＿＿＿＿＿＿＿＿＿＿＿＿＿＿＿＿＿＿＿＿＿＿＿＿＿ （先／然后）

5. A: ＿＿＿＿＿＿＿＿＿＿＿＿＿＿＿＿＿＿＿＿＿＿＿＿＿＿ （请／告诉）

   B: 我不知道。

6. A: 这个问题怎么回答？

   B: ＿＿＿＿＿＿＿＿＿＿＿＿＿＿＿＿＿＿＿＿＿＿＿＿＿＿ （让／想）

十　排列顺序 Arrange the following words in correct order

1. 买　再　你　先　排队　应该　票
2. 我　护照　你的　一下　让　看　请
3. 收到　小陈　书　寄来　了　他姐姐　的　美国　从
4. 我　请　汉字　写　告诉　这个　怎么　的　是
5. 我　从　电话　了　出来　一个　就　打　银行
6. 红　看到　我　打开　一　就　了　毛衣　包裹　一件

十一　阅读或听力材料 Reading or listening materials

地　址

　　有一天，老张去苏州出差。他是中午到苏州的。在火车站，他叫了一辆出租汽车开到饭店。他到了饭店就给妻子打了个电话，告诉她饭店的地址和电话号码。然后他在房间里休息了一会儿就去外面玩了。

　　下午老张在附近的商店里买了一些东西，还在咖啡店里喝了一杯咖啡。他在外面玩了半天，晚上还看了一部电影。从电影院出来，老张觉得应该回饭店了。可是他突然忘了饭店的名字和地址，怎么办呢？老张只好打电话给妻子，请她马上告诉他饭店的地址。

1. 地址　　　　（名）dìzhǐ　　　　　　address
2. 出差　　　　（动）chūchāi　　　　be on a business trip

3. 出租汽车	（名）chūzūqìchē	taxi
4. 妻子	（名）qīzi	wife
5. 突然	（副）tūrán	suddenly
6. 办	（动）bàn	to handle; to manage
7. 只好	（副）zhǐhǎo	have to

专有名词 Proper Nouns

苏州　　　　　　Sūzhōu　　　　　　Suzhou

熟读上文并标出声调，然后判断下列句子的对错 Read the passage above and write down the corresponding tone-marks. Decide whether the following sentences are true or false

1. 老张是因为工作去苏州的。　　　　　　　　　　（　　）
2. 老张是坐出租汽车到苏州的。　　　　　　　　　（　　）
3. 老张到了饭店马上就给妻子发了个传真。　　　　（　　）
4. 下午老张在外面玩了很长时间。　　　　　　　　（　　）
5. 老张忘了饭店的名字和地址。　　　　　　　　　（　　）
6. 妻子给他打了个电话，告诉了他饭店的地址。　　（　　）

附　家用电器 Household Appliances

电灯 diàndēng　　电冰箱 diànbīngxiāng　　空调 kōngtiáo　　洗衣机 xǐyījī

录音机 lùyīnjī　　手机 shǒujī　　电视机 diànshìjī　　电脑 diànnǎo

遥控器 yáokòngqì

音响 yīnxiǎng

汉字 Chinese Characters

偏旁 Radicals	名称 Names	例字 Examples
攵	反文旁 fǎnwénpáng	收　政　教
阝	左耳旁 zuǒ'ěrpáng	陪　院　际
贝	贝字旁（底） bèizìpáng(dǐ)	贴　员　贵
宀	穴字头 xuézìtóu	穿　窗　容

注释 Notes

1 如果要强调已发生动作的时间、地点、方式等，就用"是…的"，"是"在要强调的部分之前，"的"在句尾；否定式是"不是…的"。

是…的 is used to emphasize the time, place or manner of a completed action. 是 is put before the word to be emphasized and 的 at the end of the sentence.

我是昨天来的。

我是从美国来的。

我是坐飞机来的。

2 "到"用在动词谓语之后作结果补语，表示人或事物通过动作到达某处、有了结果，或说明动作持续的时间。

As a complement of result, 到 indicates that a person or an object reaches a certain place, achieves a goal or an action continues until a certain time.

我们坐到中山公园下车。

她马上就找到了包裹。

他每天学到十二点。

3 动量补语"一下"除了有时表示具体的动量外，常用来表示动作经历的时间短或表示轻松随便。

As a complement of frequency, 一下 means the number of times an action has taken place. Alternatively, it can indicate an action lasting only for a short time.

爸爸打了他一下。（可以表示具体动量）

你给我们介绍一下。

请你等一下。

LESSON 17

生词 New Words

1. 封	（量）	fēng	*a measure word*
2. 亲爱	（形）	qīn'ài	dear
3. 完	（动）	wán	to complete
4. 家乡	（名）	jiāxiāng	hometown
5. 差不多	（形）	chàbuduō	about the same; almost
6. 夏天	（名）	xiàtiān	summer
7. 比	（介）	bǐ	*indicating difference in manner or degree by comparison*
8. 热	（形）	rè	hot
9. 雨	（名）	yǔ	rain
10. 刚	（副）	gāng	just
11. 这里	（代）	zhèli	here
12. 空气	（名）	kōngqì	air
13. 交通	（名）	jiāotōng	traffic
14. 另外	（连）	lìngwài	in addition
15. 没意思		méiyìsi	boring
16. 句子	（名）	jùzi	sentence
17. 发音	（名、动）	fāyīn	pronunciation; to pronounce

18. 一样	（形） yíyàng	same
19. 声调	（名） shēngdiào	tones
20. 比较	（副） bǐjiào	rather; comparatively
21. 杯子	（名） bēizi	glass; cup
22. 被子	（名） bèizi	quilt
23. 服务员	（名） fúwùyuán	waiter; waitress
24. 盐	（名） yán	salt
25. 烟	（名） yān	cigarette; smoke
26. 办法	（名） bànfǎ	way; measure
27. 更	（副） gèng	more
28. 比如	（动） bǐrú	for example
29. 牛	（名） niú	ox
30. 点	（名） diǎn	dot
31. 了解	（动） liǎojiě	to know
32. 访问	（动） fǎngwèn	to visit
33. 情况	（名） qíngkuàng	situation
34. 将来	（名） jiānglái	future
35. 历史	（名） lìshǐ	history
36. 经济	（名） jīngjì	economy
37. 担心	dānxīn	to worry
38. 一点儿	（名） yìdiǎnr	a little
39. 感冒	（动、名） gǎnmào	to catch a cold
40. 代	（动） dài	to replace
41. 向	（介） xiàng	toward
42. 问好	wènhǎo	to say hello to
43. 想念	（动） xiǎngniàn	to miss
44. 希望	（动） xīwàng	to hope
45. 顺利	（形） shùnlì	successfully

qīn·ài de jiějie
亲爱 的 姐姐：

　　nǐ hǎo
　　你 好！

　　zuótiān wǒ shōudàole nǐ de xìn dú wán yǐhòu
　　昨天 我 收到了 你 的 信。读 完 以后，

wǒ fēicháng gāoxìng shíjiān guò de zhēn kuài wǒ lái
我 非常 高兴。 时间 过 得 真 快，我 来

Zhōngguó yǐjing bànnián le Shànghǎi de tiānqì gēn
中国 已经 半年 了。 上海 的 天气 跟

wǒmen jiāxiāng de tiānqì chàbuduō kěshì xiàtiān bǐ
我们 家乡 的 天气 差不多， 可是 夏天 比

wǒmen nàr rè hái chángcháng xiàyǔ
我们 那儿 热，还 常常 下雨。

　　wǒ gāng lái Zhōngguó de shíhou bú tài xíguàn
　　我 刚 来 中国 的 时候，不 太 习惯

zhèli de shēnghuó wǒ juéde zhèli de kōngqì méiyǒu
这里 的 生活。 我 觉得 这里 的 空气 没有

Yīngguó hǎo jiāotōng yě méiyǒu Yīngguó fāngbiàn
英国 好， 交通 也 没有 英国 方便。

lìngwài wǒ zhǐ huì shuō nǐ hǎo xièxie yě méiyǒu
另外， 我 只 会 说 "你 好"、"谢谢"，也 没有

péngyou shēnghuó méi yìsi kěshì xiànzài wǒ yǐjing huì
朋友， 生活 没 意思。可是 现在 我 已经 会

209

shuō yìxiē jiǎndān de jùzi le yě rènshi le hěnduō
说 一些 简单 的 句子 了，也 认识 了 很多

péngyou suǒyǐ bǐ yǐqián xíguàn duō le
朋友， 所以 比 以前 习惯 多 了。

　　Hànyǔ de fāyīn gēn Yīngyǔ bù yíyàng bǐ Yīngyǔ
汉语 的 发音 跟 英语 不 一样， 比 英语

nán de duō shēngdiào bǐjiào nán wǒ chángcháng
难 得 多。 声调 比较 难，我 常常

shuōcuò yǒu yícì wǒ qù shāngdiàn mǎi dōngxi wǒ
说错。 有 一次，我 去 商店 买 东西。我

shuō wǒ yào mǎi bēizi
说："我 要 买 杯子。"

kěshì shòuhuòyuán gěi le
可是 售货员 给 了

wǒ yì tiáo bèizi hái yǒu
我 一条 被子。还 有

yícì wǒ qù fàndiàn chīfàn
一次，我 去 饭店 吃饭。

wǒ duì fúwùyuán shuō qǐng gěi wǒ yán dànshì tā gěi
我 对 服务员 说："请 给 我 盐。"但是 她 给

le wǒ yì bāo yān wǒ zhēn méi bànfǎ
了我 一 包 烟。我 真 没 办法。

　　lìngwài Hànzì gèng nán wǒ yǐjing xué le bù shǎo
另外， 汉字 更 难。我 已经 学 了 不 少

Hànzì yě néng kàndǒng bùshǎo Hànzì kěshì
汉字， 也 能 看懂 不少 汉字，可是

chángcháng   wàng le zěnme
常常   忘 了 怎么

xiě hěnduō Hànzì dōu
写。 很多 汉字 都

chàbuduō bǐrú niú gēn wǔ
差不多，   比如:"牛" 跟 "午"

chàbuduō tài bǐ dà duō yì
差不多； "太"比 "大" 多 一

diǎn dànshì yìsi dōu bù yíyàng wǒ juéde wǒ yǐhòu
点， 但是 意思 都 不 一样。我 觉得 我 以后

yīnggāi měitiān liànxí xiě Hànzì
应该   每天 练习 写 汉字。

　　lái Zhōngguó yǐqián wǒ bú tài liǎojiě Zhōngguó
　　来 中国   以前，我 不 太 了解 中国；

lái Zhōngguó yǐhòu wǒ cānguān fǎngwèn le hěnduō
来 中国 以后，我 参观、 访问 了 很多

dìfang zhīdào le hěnduō qíngkuàng gēn wǒ xiǎng de
地方， 知道 了 很多 情况， 跟 我 想 的

bù yíyàng jiānglái wǒ xué hǎo Hànyǔ yǐhòu hái xiǎng
不 一样。 将来 我 学 好 汉语 以后，还 想

xuéxí Zhōngguó de wénhuà lìshǐ hé jīngjì
学习 中国 的 文化、 历史 和 经济。

　　shàngmian wǒ jiǎndān de gěi nǐmen jièshào le
　　上面 我 简单 地 给 你们 介绍 了

yìxiē wǒ de xuéxí qíngkuàng bié de qíngkuàng yǐhòu
一些 我 的 学习 情况， 别的 情况 以后

zài jièshào ba
再 介绍 吧。

    wǒ de shēntǐ gēn yǐqián yíyàng hǎo nǐmen búyòng
我 的 身体 跟 以前 一样 好，你们 不用

dānxīn bàba de shēntǐ zěnmeyàng bǐ yǐqián hǎo
担心。 爸爸 的 身体 怎么样？ 比 以前 好

yìdiǎnr le ma nǐ gàosu tā búyào hē tài duō píjiǔ
一点儿 了 吗? 你 告诉 他 不要 喝 太 多 啤酒。

māma de gǎnmào hǎo le ma dài wǒ xiàng tāmen
妈妈 的 感冒 好 了 吗? 代 我 向 他们

wènhǎo wǒ hěn xiǎngniàn nǐmen xīwàng nǐmen
问好。 我 很 想念 你们，希望 你们

chángcháng gěi wǒ xiě xìn huòzhě gěi wǒ dǎ diànhuà
常常 给 我 写 信，或者 给 我 打 电话。

    zhè fēng xìn jiù xiě dào zhèli zhèli yǒu jǐ zhāng
这 封 信就 写 到 这里。这里 有 几 张

zhàopiànshì wǒ zài Shànghǎi pāi de jìgěi nǐmen kànkan
照片， 是 我 在 上海 拍 的,寄给 你们 看看。

    zhù
祝

shēntǐ jiànkāng gōngzuò shùnlì
身体 健康， 工作 顺利!

                    Jiékè
                    杰克
              2002 年 11 月 20 日

1. 像	（动）xiàng	be like
2. 矮	（形）ǎi	short (of stature)
3. 爱好	（名）àihào	hobby
4. 爬	（动）pá	to climb
5. 山	（名）shān	mountain; hill
6. 比赛	（名、动）bǐsài	competition; to compete
7. 语法	（名）yǔfǎ	grammar
8. 明白	（动）míngbai	to understand
9. 重要	（形）zhòngyào	important
10. 怎样	（代）zěnyàng	how
11. 录音机	（名）lùyīnjī	recorder
12. 坏	（动）huài	to go bad; to break down
13. 清楚	（形）qīngchu	clear
14. 借	（动）jiè	to borrow
15. 放	（动）fàng	to put
16. 自己	（代）zìjǐ	oneself
17. 拿	（动）ná	to hold; to take
18. 一定	（副）yídìng	must
19. 还	（动）huán	to return

第十七课 给姐姐的一封信

213

会话 **Dialogues**

1

Bāmù zhè shì shuí tā gēn nǐ hěn xiàng
玛丽：八木， 这 是 谁？他 跟 你 很 像。

zhè shì wǒ dìdi tā bǐ wǒ xiǎo liǎng suì
八木：这 是 我 弟弟，他 比 我 小 两 岁。

kěshì nǐ bǐ tā ǎi yìdiǎnr
玛丽：可是 你 比 他 矮 一点儿。

八木： duì wǒ méiyǒu tā gāo hái bǐ tā pàng
对，我 没有 他 高，还 比他 胖
yìdiǎnr kěshì wǒ bǐ tā cōngming
一点儿，可是 我 比他 聪明。

玛丽： nǐmen de àihào yíyàng ma
你们 的 爱好 一样 吗？

八木： bù tā xǐhuan páshān wǒ xǐhuan kàn
不，他 喜欢 爬山，我 喜欢 看
zúqiú bǐsài lìngwài wǒ xǐhuan xuéxí Hànyǔ tā bù xǐhuan
足球 比赛。另外，我 喜欢 学习 汉语，他 不 喜欢。

2

皮尔： Lǐ lǎoshī yǒushíhou wǒ shuō Hànyǔ wǒ juéde wǒ de yǔfǎ méicuò
李 老师，有时候 我 说 汉语，我 觉得 我 的 语法 没错，
kěshì Zhōngguórén bù míngbai wèishénme
可是 中国人 不 明白， 为什么？

李老师： yīnwèi nǐ de fāyīn yǒu wèntí
因为 你 的 发音 有 问题。

皮尔： kěshì wǒ juéde fāyīn méiyǒu yǔfǎ zhòngyào
可是 我 觉得 发音 没有 语法 重要。

李老师： yǒushíhou fāyīn bǐ yǔfǎ gèng zhòngyào
有时候 发音 比 语法 更 重要。
shēngdiào bù yíyàng yìsi yě bù yíyàng
声调 不 一样，意思 也 不 一样。

皮尔： nàme yīnggāi zěnyàng liànxí shēngdiào ne
那么 应该 怎样 练习 声调 呢？

李老师： duō dú duō shuō jiù shì zuì hǎo de bànfǎ
多 读 多 说，就是 最 好 的 办法。

3

安娜： Jiékè wǒ de lùyīnjī huài le yǒushíhou méiyou shēngyīn yǒushíhou
杰克，我 的 录音机 坏 了。有时候 没有 声音， 有时候
tīng de bú tài qīngchu nǐde néngbunéng jiè gěi wǒ yòng yí xià
听 得 不 太 清楚。你的 能不能 借给 我 用 一下？

杰克: xíng lùyīnjī jiù fàngzài nàr   nǐ zìjǐ ná ba
行,   录音机 就   放在 那儿, 你 自己 拿 吧!
安娜: xièxie wǒ míngtiān yídìng huán gěi nǐ
谢谢! 我   明天   一定   还   给 你。
杰克: méiguānxi
没关系。

句型 Sentence Structure

1
(上海的天气)夏天比我们那儿热。
(现在)比以前习惯多了。
汉语的发音比英语难得多。
(爸爸的身体)比以前好一点儿了吗?
"太" 比 "大" 多一点。
有时候发音比语法更重要。

2
我觉得这里的空气没有英国好,
交通也没有英国方便。
我没有他高。

3
汉语的发音跟英语不一样。
我的身体跟以前一样好。

4
上海的天气跟我们家乡的天气差不多。
"大" 跟 "太" 差不多;"牛" 跟 "午" 差不多。

5
我刚来中国的时候, 不太习惯这里的生活。另外, 我只会说 "你好"、"谢谢",
也没有朋友, 生活没意思。

练习 Exercises

一 内容理解 Comprehension

A 根据课文内容选择正确答案 Choose the correct answer according to the text

1. 上海的天气
   A. 跟杰克家乡的天气一样。
   B. 跟杰克家乡的天气不一样。
   C. 夏天比杰克家乡的天气热。

2. 杰克是什么时候来中国的?
   A. 刚来中国。
   B. 半年以前。
   C. 一年以前。

3. 杰克刚来中国的时候，
    A. 生活不习惯。
    B. 认识了很多朋友。
    C. 会说一些简单的句子。

4. 有一次，杰克要盐，服务员给他烟，是因为
    A. "烟" 跟 "盐" 汉字差不多。
    B. "烟" 跟 "盐" 发音一样。
    C. 他声调说错了。

5. 下面哪句话是对的？
    A. 杰克觉得汉语的发音没有英语难。
    B. 杰克觉得英语的发音比汉语容易。
    C. 杰克觉得声调比汉字难。

6. 下面哪句话是对的？
    A. 杰克还想学习中国的文化、历史和经济。
    B. 杰克来中国以后，不太了解中国。
    C. 杰克来中国以前，知道中国不少情况。

B 根据会话判断下列句子的对错 Decide whether the following sentences are true or false according to the dialogues

1. 八木的弟弟比八木矮，比八木胖。   (   )
2. 八木的爱好跟弟弟不一样。   (   )
3. 皮尔觉得发音更重要。   (   )
4. 练习声调应该多读多说。   (   )
5. 安娜的录音机有点儿问题。   (   )
6. 安娜的录音机借给了杰克。   (   )

二   读读写写 Read and write

收到	找到	取到	买到
读完	吃完	看完	做完
说错	看错	听错	写错
学好	写好	做好	想好
听懂	看懂	听见	看见
寄给你们	送给他	写给姐姐	借给朋友
放在那儿	写在书上	坐在椅子上	穿在身上

三   用课文中的生词填空 Fill in the blanks using the new words

1. 你看没看昨天的篮球 _____ ?
2. 我刚来中国的时候，非常 _____ 我的家人，所以每天给他们打电话。

3. 明天要考试，你 _____ 要认真复习。

4. 上海的夏天 _____ 热，可是南京的夏天 _____ 热。

5. 我已经认识他十年了，所以非常 _____ 他。

6. 下个月我们大学的老师要 _____ 美国的三所大学。

7. 中国现在的 _____ 情况比以前好多了。

8. 我觉得家庭比工作 _____。你觉得呢？

9. 我 _____ 我的家人在新的一年里健康、幸福、快乐。

10. 老师已经说了三遍了，可是我还不 _____。

11. 请你介绍一下你在中国的生活 _____。

12. 小明现在是一个中学生。他想 _____ 当一个工程师。

13. 在大城市里，汽车特别多，所以 _____ 有很多问题，_____ 也不太干净。

14. 中国的 _____ 很长，有五千多年。

15. 他的工作一直不太 _____，所以他不太快乐。

四　用下列词语填空 Fill in the blanks with the words given below

> 错　好　对　晚　干净　清楚　懂　见　到　完　给　往　在

1. 20 路公共汽车是开 _____ 外滩的。

2. 这些衣服没洗 _____，你再洗一次。

3. 昨天我去书店买汉语词典，但是没买 _____，营业员说词典已经卖 _____ 了。

4. 外面有人在唱歌，你听 _____ 了吗？

5. 请你坐 _____ 他们旁边。

6. 这些礼物是送 _____ 父母的。

7. 上个星期的作业我还没做 _____，因为我太忙了。

8. 这个问题很难，可是杰克回答 _____ 了，他很高兴。

9. 你看 _____ 了吗？那个人是不是穿蓝色的衬衣？

10. 他的话是什么意思？你听 _____ 了吗？

11. A: 对不起，我来 _____ 了。

    B: 你怎么又迟到了？

12. A: 喂，小张在吗？

    B: 你打 _____ 了，这儿没这个人。

五 模仿例子用"跟…一样／不一样"造句子 Write sentences with 跟…一样／不一样 according to the example

> 1. 玛丽的衣服很漂亮。／安娜的衣服很漂亮。
>   玛丽的衣服跟安娜（的衣服）一样漂亮。
> 2. 他学习汉语。／我学习英语。
>   他学习的语言跟我不一样。／他学习的语言不跟我一样。

1. 他爸爸喜欢画画儿。／他也喜欢画画儿。
2. 这些中文歌很好听。／那些英文歌也很好听。
3. 他唱中文歌。／我唱英文歌。
4. 他二十岁。／我也二十岁。
5. 他买的地图是上海地图。／我买的地图是南京地图。
6. 这座楼房十一层。／那座楼房十五层。

六 模仿例子改写下列句子 Rewrite the following sentences according to the example

> 这个地方很热闹。／那个地方不太热闹。
> 这个地方比那个地方热闹。
> 那个地方没有这个地方热闹。

1. 国际长途电话很贵。／国内长途电话不太贵。
2. 李先生的儿子六岁。／王先生的儿子三岁。
3. 她以前不太胖。／现在她很胖。
4. 我的房间很干净。／弟弟的房间不干净。
5. 我不了解那里的情况。／他很了解那里的情况。
6. 我弟弟喜欢爬山。／我不太喜欢爬山。

七 模仿例子看图造句 Write sentences for the pictures below according to the example

```
┌─────────────────────────────┐
│   这座楼房 / 那座楼房         │
│   这座楼房比那座高四层。       │
└─────────────────────────────┘
```

 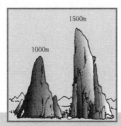  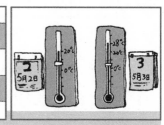

1. 香蕉 / 苹果　　　2. 这座山 / 那座山　　3. 我的表 / 那个钟　　　4. 昨天 / 今天

八　模仿例句完成句子 Complete the following sentences according to the example

1. 我刚来中国的时候，不太习惯这里的生活。

   我刚来中国的时候，＿＿＿＿＿＿＿＿＿＿＿＿＿＿＿＿＿＿＿＿＿＿

   ＿＿＿＿＿＿＿＿＿＿＿＿＿＿ 的时候，＿＿＿＿＿＿＿＿＿＿＿＿＿＿＿

2. 很多汉字都差不多，比如："牛"跟"午"差不多；"太"比"大"多一点。

   很多汉字都差不多，比如：＿＿＿＿＿＿＿＿＿＿＿＿＿＿＿＿＿＿＿＿

   ＿＿＿＿＿＿＿＿＿＿＿＿＿＿＿＿，比如：＿＿＿＿＿＿＿＿＿＿＿＿＿＿

3. 语法很重要，发音更重要。

   ＿＿＿＿＿＿＿＿＿＿＿＿＿＿，＿＿＿＿＿＿＿＿＿＿＿＿＿＿＿＿更重要。

   ＿＿＿＿＿＿＿＿＿＿＿＿＿＿，＿＿＿＿＿＿＿＿＿＿＿＿＿更＿＿＿＿＿＿

4. 我刚来中国的时候，不太习惯这里的生活。另外，我只会说"你好"、"谢谢"，也没有朋友，生活没意思。

   我刚来中国的时候，不太习惯这里的生活。另外，＿＿＿＿＿＿＿＿＿＿＿＿

   ＿＿＿＿＿＿＿＿＿＿＿＿＿＿＿＿＿＿＿＿＿＿＿＿＿＿＿＿＿＿＿＿＿＿＿

九 你常常写信吗？给你的中国朋友或老师写一封中文信，说一说你的学习情况 Do you write letters frequently? Write a letter in Chinese to a friend or teacher and tell him(or her) about your school life

十 找一找，这两幅图有哪些地方不一样（一共有十处）Look at the two pictures carefully and find the differences between them(Ten in all)

十一 阅读或听力材料 Reading and listening materials

学写字

　　从前有一个有钱人，他没有念过书，不会教儿子写字。他就请了一位老师教儿子学习写字。第一天，老师教了一个"一"字。第二天，老师教了一个"二"字。第三天，老师教了一个"三"字。儿子高兴地对他爸爸说："写字不难，我已经会写了。我不要老师了。"有钱人听了以后，也很高兴，就不再请老师了。

　　有一天，这个有钱人要请一位朋友来吃饭。这位朋友姓万。他叫儿子写一个请帖，儿子马上就答应了。两个小时以后，他问儿子："你写完了吗？"他儿子回答："你的朋友为什么要姓万？我写到现在，只写了五百划，还有九千五百划呢。"

1. 从前	（名）cóngqián	long ago
2. 请帖	（名）qǐngtiě	invitation card
3. 划	（量）huà	*a measure word*; stroke

熟读上文并标出声调，然后每个同学说一句话，一个接一个把这个故事复述完
Read the passage above and write down the corresponding tone-marks. Retell the story with all students telling a sentence each

大／小

瘦／胖

冷／热

新／旧

短／长

重／轻

深／浅

高／矮

多／少

慢／快

汉字 Chinese Charatcters

偏旁 Radicals	名称 Names	例字 Examples
牜	牛字旁 niúzìpáng	告　特　物
巾	巾字旁（底） jīnzìpáng(dǐ)	市　师　帮
戈	戈字旁 gēzìpáng	或　划　战
寸	寸字底（旁） cùnzìdǐ(páng)	导　封　寿

注释 Notes

1 结果补语 The complement of result

　　用在动词谓语之后说明动作的结果的成分叫结果补语。常用的结果补语有"完、见、对、错、好、在、到、给"等。结果补语的否定用"没"或"没有"。

　　The complement of result is used after a verb indicating the result of an action. The following verbs are often used as a complement of result, including 完，见，对，错，好，在，到，给, etc.

2 比较的方法 Ways of comparison

(1) A 跟 B 一样 / A 跟 B 不一样 / A 跟 B 差不多

　　他跟我一样高。

　　他跟我不一样高。

(2) A+ 比 +B+ 形 / 动 ＝ B+ 没有 +A+ 形 / 动

　　他比我高。

　　我没有他高。

LESSON 18

生词 New Words

1. 病	（名、动）	bìng	illness; be ill
2. 最近	（名）	zuìjìn	recently
3. 有点儿	（副）	yǒudiǎnr	a little
4. 发烧		fāshāo	to have a fever
5. 出租车	（名）	chūzūchē	taxi
6. 司机	（名）	sījī	driver
7. 带	（动）	dài	to take; to bring; to carry
8. 上去		shàngqu	to go up
9. 听见		tīngjiàn	to hear
10. 哭	（动）	kū	to cry
11. 门口	（名）	ménkǒu	doorway
12. 才	（副）	cái	*used before a verb to indicate that sth. is rather late by general standards*
13. 进去		jìnqu	to go in
14. 大夫	（名）	dàifu	doctor
15. 疼	（形）	téng	painful
16. 咳嗽	（动）	késou	to cough

17. 病人	（名）	bìngrén	patient
18. 进来		jìnlai	to come in
19. 出去		chūqu	to go out
20. 关	（动）	guān	to close
21. 药	（名）	yào	medicine
22. 打针		dǎzhēn	to give or receive an injection
23. 下去		xiàqu	to go down
24. 付	（动）	fù	to pay
25. 上来		shànglai	to come up
26. 可能	（动）	kěnéng	maybe
27. 下来		xiàlai	to come down
28. 还是	（副）	háishì	still
39. 大声		dàshēng	loudly
30. 喊	（动）	hǎn	to shout
31. 过来		guòlai	to come here
32. 过去		guòqu	to go there
33. 从来	（副）	cónglái	all along
34. 笑	（动）	xiào	to smile
35. 不过	（连）	búguò	but
36. 回去		huíqu	to go back
37. 好好儿	（副）	hǎohāor	in a proper way
38. 回来		huílai	to come back
39. 决定	（动）	juédìng	to decide
40. 正在	（副）	zhèngzài	*indicating an action in progress*
41. 样子	（名）	yàngzi	appearance
42. 好像	（动）	hǎoxiàng	to look like; to seem

zuì jìn Pí'ěr shēntǐ bù shūfu tā chángcháng juéde
最近 皮尔 身体 不 舒服。他 常常 觉得

hěn lèi bù xiǎng chī dōngxi wǎnshang yě shuì de bù
很 累，不 想 吃 东西， 晚上 也 睡 得 不

hǎo zuótiān zǎoshang tā yǒudiǎnr fāshāo méi qù
好。 昨天 早上 他 有点儿 发烧， 没 去

shàng kè xiàwǔ wǒ péi tā qù yīyuàn kàn bìng wǒmen
上 课。 下午 我 陪他 去 医院 看 病。 我们

shì zuò chūzū chē qù de sījī dài wǒmen qù le yì jiā
是 坐 出租 车 去 的，司机 带 我们 去 了一家

fùjìn de yīyuàn
附近 的 医院。

zhè jiā yīyuàn yígòng yǒu sāncéng kàn bìng de
这 家 医院 一共 有 三 层， 看 病 的

dìfang zài yīyuàn èr lóu wǒmen yí shàngqu jiù tīngjiàn
地方 在 医院 二 楼。我们 一 上去 就 听见

hěnduō háizi kū de shēngyīn hái kànjiàn hěnduō rén zài
很多 孩子哭的 声音， 还 看见 很多 人 在

ménkǒu páiduì wǒmen pái le bàn ge xiǎoshí cái jìnqu
门口 排队。 我们 排 了半 个 小时 才 进去。

wǒmen yí jìnqu dàifu jiù wèn le wǒ hěnduō wèntí
我们 一 进去，大夫 就 问 了我 很多 问题：

fāshāo bu fāshāo tóu téngbuténg késou bu késou
"发烧 不 发烧？""头 疼不疼？""咳嗽 不 咳嗽？"

děngděng wǒ duì tā shuō wǒ méi bìng tā bìng le dàifu
等等。　　我 对 她 说:"我 没 病, 他 病 了。"大夫

kànlekàn wǒ yǒu diǎnr bù gāoxìng shuō nǐ búshì
看了看 我, 有 点儿 不 高兴, 说:"你 不 是

bìngrén búyào jìnlai chūqu ba wǒ guān le mén jiù
病人, 不要 进来, 出去 吧!"我 关 了 门 就

zài wàimian děng Pí'ěr
在 外面 等 皮尔。

wǒ dàgài děng le wǔ fēnzhōng Pí'ěr jiù chūlai
　　我 大概 等 了 五 分钟, 皮尔 就 出来

le tā shuō dàifu shuō wǒ gǎnmào le yào chī yào
了。他 说:"大夫 说 我 感冒 了,要 吃 药,

hái yào dǎzhēn wǒ ràng Pí'ěr zài èrlóu děng wǒ wǒ
还 要 打针!"我 让 皮尔 在 二楼 等 我,我

xiàqu fù qián ná yào ná le yào wǒ jiù shànglai péi tā
下去 付钱、拿 药。拿 了 药,我 就 上来 陪他

qù dǎzhēn kěshì wǒmen zhǎo le bàntiān yě méi zhǎodào
去 打针。 可是 我们 找 了 半天 也 没 找到

dǎzhēn de dìfang kěnéng zài sānlóu Pí'ěr shuō wǒ qù
打针 的 地方。 "可能 在 三楼,"皮尔 说,"我 去

zhǎo ba tā shàng qu le yíhuìr jiù xiàlai le háishì méi zhǎo dào
找 吧!"他 上去 了 一会儿 就 下来了,还是 没 找 到。

zhè shíhou wǒmen kànjiàn yíwèi hùshi xiǎojiě tā duì
这 时候, 我们 看见 一位 护士 小姐, 她 对

wǒmen dàshēng hǎn nǐmen dǎ zhēn ma guòlai ba
我们 大声 喊:"你们 打针 吗? 过来 吧!"

Pí'ěr yì tīng hěn gāoxìng mǎshàng jiù guòqu le
皮尔 一 听 很 高兴， 马上 就 过去 了。

　　guò le yí huìr Pí'ěr jiù cóng lǐmian chūlai le wǒ
　　过 了 一会儿，皮尔 就 从 里面 出来 了。我

wèn tā téngbuténg tā xiàolexiào shuō wǒ yǐqiáncóng
问 他："疼不疼？" 他 笑了笑， 说："我 以前 从

lái méi dǎguo zhēn zhè shì dì yī cì búguò yìdiǎnr yě
来 没 打过 针， 这 是 第一 次， 不过 一点儿 也

bù téng wǒ shuō huíqu
不 疼。"我 说："回去

yǐhòu nǐ hǎohāor
以后， 你 好好儿

xiūxi ba
休息 吧！"

　　cóng yīyuàn huílai
　　从 医院 回来

yǐhòu Pí'ěr chīle yìdiǎnr
以后，皮尔 吃了 一点儿

yào jiù shuìjiào le jīntiān zǎo shang tā bù fāshāo le
药 就 睡觉 了。今天 早 上 他 不 发烧 了，

tóu yě bù téng le búguò tā háishì méi qù shàngkè tā
头 也 不 疼 了，不过 他 还是 没 去 上课。他

shuō dàifu gàosu tā yídìng yào hǎohāor xiūxi suǒyǐ tā
说 大夫 告诉 他 一定 要 好好儿 休息，所以 他

juédìng bú qù shàngkè le
决定 不 去 上课 了。

zhōngwǔ wǒ xià le kè huí sùshè yì kāi mén jiù kànjiàn
中午　我下了课回宿舍,一开门　就看见

zhuōzi shang yǒu jǐ píng
桌子　上　有几瓶

píjiǔ Pí'ěr zhèngzài kànzúqiú
啤酒,皮尔　正在　看足球

bǐsài ne tā de yàngzi
比赛呢! 他的　样子

hǎoxiàng yìdiǎnr bìng yě
好像　一点儿　病也

méiyǒu wǒ xiǎng tā de bìng hǎode zhēn kuài
没有。 我想　他的病　好得　真　快。

生词 New Words

1.	肚子	（名）dùzi	belly
2.	不得了	（形）bùdéliǎo	extremely
3.	西瓜	（名）xīguā	watermelon
4.	冰淇淋	（名）bīngqílín	ice cream
5.	注意	（动）zhùyì	to pay attention to
6.	饮食	（名）yǐnshí	food and drink
7.	乱	（形）luàn	in disorder
8.	片	（量）piàn	*a measure word*
9.	听说	tīngshuō	to hear of
10.	爱	（动）ài	to love
11.	关心	（动）guānxīn	be concerned with
12.	感谢	（动）gǎnxiè	to thank
13.	检查	（动）jiǎnchá	to check
14.	帮	（动）bāng	to help
15.	请假	qǐngjià	to ask for leave

16. 眼睛	（名）yǎnjing	eye
17. 鼻子	（名）bízi	nose
18. 手	（名）shǒu	hand
19. 脚	（名）jiǎo	foot
20. 全	（形）quán	all
21. 身	（名、量）shēn	body

会话 Dialogues

1

nǐ zěnme le   nǎr bù shūfu
医生: 你 怎么 了？哪儿 不 舒服？

wǒ dùzi téng de bùdéliǎo   zǎoshang
八木: 我 肚子 疼 得 不得了。 早上
yǐjing qù le sān cì cèsuǒ le
已经 去 了 三 次 厕所 了。

nǐ zuótiān chī le shénme
医生: 你 昨天 吃 了 什么？

wǒ chī le xiāngjiāo xīguā bīngqílín
八木: 我 吃 了 香蕉、 西瓜、 冰淇淋、
dàngāo háiyǒu wǒ yě wàng le
蛋糕， 还有…… 我 也 忘 了。

nǐ yídìng yào zhùyì yǐnshí búyào luàn chī dōngxi zhè shì yào
医生: 你 一定 要 注意 饮食，不要 乱 吃 东西。 这 是 药，
yì tiān chī sān cì měicì liǎng piàn   tīng qīngchu le ma
一 天 吃 三 次，每次 两 片。 听 清楚 了 吗？

tīng qīngchu le xièxie nín dàifu
八木: 听 清楚 了。谢谢 您，大夫！

2

Mǎlì zài ma
安娜: 玛丽 在 吗？

zài jìnlai ba
玛丽：在。进来 吧！

tīngshuō nǐ bìng le xiànzài shēntǐ
皮尔：听说 你病了，现在 身体
zěnmeyàng
怎么样？

bǐ zuótiān hǎo yìdiǎnr le xiànzài hái
玛丽：比 昨天 好 一点儿 了，现在 还
yǒudiǎnr késou
有点儿 咳嗽。

zhè shì nǐ zuì ài chī de dàngāo shì Lǐ lǎoshī mǎi de
杰克：这 是 你 最 爱 吃 的 蛋糕， 是 李 老师 买 的。

dài wǒ xièxie tā huíqu yǐhòu wǒ hái yào qǐng tā gěi wǒ fǔdǎo ne
玛丽：代 我 谢谢 他。回去 以后，我 还要 请 他 给 我 辅导 呢。

xīwàng nǐ kuài diǎnr hǎo tóngxuémen dōu hěn guānxīn nǐ
安娜：希望 你 快 点儿 好， 同学们 都 很 关心 你。

xièxie zhēnde fēicháng gǎnxiè nǐmen
玛丽：谢谢！ 真的 非常 感谢 你们！

3

jīntiān wǒ yào qù jiǎnchá shēntǐ bù néng qù shàngkè le nǐ bāng
杰克：今天 我要去 检查 身体，不能 去 上课 了。你 帮
wǒ xiàng lǎoshī qǐngjià hǎoma
我 向 老师 请假， 好吗？

hǎo a nǐ shēntǐ bù shūfu ma
皮尔：好 啊！你 身体 不 舒服 吗？

bù wǒ méi bìng búguò wǒ měinián dōu
杰克：不，我 没 病， 不过 我 每年 都
jiǎnchá yícì shēntǐ
检查 一次 身体。

nǐ jiǎnchá shénme
皮尔：你 检查 什么？

yǎnjing bízi shǒu jiǎo děngděng quán shēn dōu jiǎnchá yíbiàn wǒ xīwàng
杰克：眼睛、鼻子、手、脚 等等， 全 身 都 检查 一遍。我 希望

zìjǐ shēntǐ jiànkāng
自己 身体　 健康。
nǐ shuō de hěn duì jiànkāng hěn zhòngyào
皮尔: 你 说 得 很 对, 健康　 很　 重要。

句型 Sentence Structure

1
昨天早上他有点儿发烧。
她有点儿不高兴。

2
皮尔吃了一点儿药就睡觉了。
希望你快（一）点儿好。

3
我们排了半个小时才进去。
我在外面等了五分钟，皮尔就出来了。

4
一点儿也不疼。
一点儿病也没有。

5
医生看了看我，有点儿不高兴。
他笑了笑，说："我以前从来没打过针，……"

6
皮尔正在看足球比赛呢！
皮尔正在打针呢！

练习 Exercises

一 内容理解　Comprehension

A 根据课文内容判断下列句子的对错 Decide whether the following sentences are true or false according to the text

1. 昨天早上皮尔身体不舒服，所以没去上课。　　　　（　　）
2. 他们是骑车去医院的。　　　　　　　　　　　　（　　）
3. 医院里看病的人很多。　　　　　　　　　　　　（　　）
4. 大夫说皮尔不是病人，让他出去。　　　　　　　（　　）
5. 杰克帮皮尔去拿药、打针。　　　　　　　　　　（　　）
6. 他们没有找到打针的地方，所以皮尔没打针。　　（　　）
7. 皮尔觉得打针一点儿也不疼，因为他习惯了。　　（　　）
8. 皮尔下了课就回宿舍看足球比赛。　　　　　　　（　　）

B 根据会话回答问题 Answer the following questions according to the dialogues

1. 八木为什么肚子疼？
2. 大夫告诉八木要注意什么，一天吃几片药？
3. 玛丽现在身体怎么样？
4. 同学们给她带了什么东西，是谁买的？
5. 杰克为什么要请假？
6. 杰克为什么要检查身体？

二 读读写写 Read and write

上来	上去	下来	下去
出来	出去	进来	进去
回来	回去	过来	过去
正在打针	正在吃药	正在上网	正在看比赛
好好儿休息	好好儿复习	好好儿工作	好好儿睡觉
有点儿发烧	有点儿疼	有点儿不高兴	有点儿累
好一点儿	快一点儿	多一点儿	小一点儿
一点儿也不疼	一点儿也不累	一点儿也不幸福	
一点儿病也没有	一个人也不认识	一部电影也没看过	

三 用课文中的生词填空 Fill in the blanks using the new words

1. 我 _____ 没吃过蛇。
2. _____ 明天要下雨，是不是真的？
3. 老师，我明天有点儿事，不能上课了，我想向您 _____。
4. 请你 _____ 一下这个包，看看里面的东西是不是你的。
5. 你的厨房太脏了，要 _____ 打扫一下。
6. 这儿的交通情况不太好，你过马路的时候一定要 _____ 汽车。
7. A: _____ 我没看到小王，你看到他了吗？
   B: 我也没看到，他 _____ 病了，我们给他打个电话吧。
8. 老朋友，好久不见了，你 _____ 跟以前一样。
9. 非常 _____ 您的帮助！

10. 他已经十八岁了，可以 _____ 自己的将来。

11. 小张今年二十五岁，可是他的样子 _____ 四十岁。

12. 对不起，现在我的房间很 _____，请你在外面等一会儿，好吗？

13. A: 小李的女朋友什么 _____？

　　B: 大大的 _____，高高的 _____，很漂亮。

14. 请大家回答问题或者念课文的时候 _____ 一点儿，好吗？

| 四 | 选出一个不同类的词语，并说明为什么 Pick out the odd word from the following groups and give a reason |

1. 汉语　　　　英语　　　　口语　　　　德语

2. 发烧　　　　头疼　　　　咳嗽　　　　打针

3. 西瓜　　　　冰淇淋　　　香蕉　　　　橘子

4. 出租汽车　　飞机　　　　公共汽车　　自行车

5. 狮子　　　　老虎　　　　鸽子　　　　熊猫

| 五 | 用 "就" 或 "才" 填空 Fill in the blanks with 就 or 才 |

1. 我们每天八点三刻上课，安娜八点半 _____ 来了，皮尔九点钟 _____ 来。

2. 我等了半天 _____ 买到两张足球比赛的票。

3. 小张跟他的女朋友很早 _____ 认识了。

4. 坐地铁到中山公园很快，五分钟 _____ 到了。坐公共汽车半个小时 _____ 到。

5. 她洗澡洗得很慢，一个小时 _____ 洗完。

6. 电影已经开始二十分钟了，你怎么现在 _____ 来？

| 六 | 用 "有点儿" 或 "一点儿" 填空 Fill in the blanks with 有点儿 or 一点儿 |

1. 我的病已经好 _____ 了，可是还 _____ 头疼。

2. 这本词典太旧了，有没有新 _____ 的？

3. 我今天 _____ 不太舒服，你帮我请个假，好吗？

4. 大家吃 _____ 西瓜吧！

5. 这种杯子比那种漂亮 _____。

6. 我现在 _____ 累，不想出去了。

模仿例子改写句子　Rewrite the following sentences according to the example

> （1）打针不疼。
>
> 　　打针一点儿也（都）不疼。
>
> （2）他没有病。
>
> 　　他一点儿病也（都）没有。

1. 我不喝酒。
2. 刚来中国的时候，我不会说汉语。
3. 他去法国以后，没给我们写过信，也没打过电话。
4. 今年夏天这里没下过雨。
5. 我不了解中国的经济情况。
6. 晚上这里没有出租汽车。
7. 最近她没检查过身体。
8. 学电脑很容易。

八　模仿例子用"了"完成句子 Complete the following sentences with 了

> 昨天他有点儿发烧，今天他不发烧了。

1. 春天来了，草地都 _____，花儿 _____，公园里的人也 _____
2. 以前他没有工作，现在他 _____
3. 我想明天上午去银行，但玛丽说她明天上午要来找我，所以 _____
4. 我们吃饭的时候，雨下得很大，可是现在雨 _____
5. 他上个月刚上大学。他现在 _____

九　给每幅画儿选择合适的句子　Choose an appropriate sentence for each of the following pictures

你快出来，我在外面等你。　　这儿的风景真好，你上来吧。　　我们上去看看，好吗？

我想喝水，你下去买吧！　　你过去帮我买个冰淇淋。　　你出去，我不想看见你。

你快下来。　　你先进去，我在外面等他们。　　外面在下雨，你进来吧。

你快过来吧！

　　老师说身体部位的指令，学生要马上指出自己的身体部位；或者老师指着身体部位，让学生说，然后两人一组互相练习。

头 tóu　　　　　　头发 tóufa
眉毛 méimao　　　眼睛 yǎnjing
鼻子 bízi　　　　嘴 zuǐ
牙齿 yáchǐ　　　　脸 liǎn
耳朵 ěrduo　　　　下巴 xiàba
脖子 bózi　　　　肩 jiān
手 shǒu　　　　　手臂 shǒubì
胸 xiōng　　　　背 bèi
腰 yāo　　　　　肚子 dùzi
臀部 túnbù　　　腿 tuǐ
膝盖 xīgài　　　脚 jiǎo

237

<h2 style="text-align:center">全都走了</h2>

　　有位姓陈的大夫，他六十岁生日的那天，请了很多客人来吃饭。但是到了吃饭的时候，人只来了三分之一。陈大夫着急地说："为什么应该来的没有来？"客人一听，都觉得自己是"不应该来的"，所以很多人就走了，只剩下一半。

　　陈大夫一看，非常着急，说："不应该走的又走了。"别的客人一听，都觉得自己是"应该走的"。这样，又少了十几个人。最后只剩下一位最好的朋友没走。他对陈大夫说："你说话太没礼貌了！"陈大夫听了，着急得不得了，说："那些话不是对他们说的啊！"这位朋友一听，心想："不是对他们说的，那么一定是对我说的了。"然后这最后一位朋友也走了。

1. 客人	（名）kèrén	guest
2. 分之	（名）fēnzhī	fraction
3. 着急	（形）zháojí	to feel worried
4. 剩	（动）shèng	be left
5. 最后	（名）zuìhòu	last
6. 礼貌	（名）lǐmào	polite
7. 心	（名）xīn	heart

熟读上文并标出声调，说一说为什么陈大夫的客人全都走了，然后复述这个故事
Read the passage above and write down the corresponding tone-marks. Explain why all of the Dr. Chen's guests left and retell the story

汉字 Chinese Characters

偏旁 Radicals	名称 Names	例字 Examples
疒	病字头 bìngzìtóu	病 疯 疼
火	火字旁 huǒzìpáng	灯 烟 烧
人	人字头（旁） rénzìtóu(páng)	个 介 从
耳	耳字旁 ěrzìpáng	取 职 聪

注释 Notes

1 动词 "来" 和 "去" 用在动词后边作补语，表示趋向。如果动作是向着说话人（或事物)进行的就用 "来"；如果是朝着相反的方向进行，就用 "去"。

来 and 去 are used after a verb as a complement indicating the direction. If an action proceeds towards the speaker, 来 is used. On the other hand, if an action is away from the speaker, 去 is used.

他进去了。（说话人在外面）
他进来了。（说话人在里面）
他出去了。（说话人在里面）
他出来了。（说话人在外面）

2 副词 "就" 用在动词前，表示事情发生得早、快，或进行得顺利。

The adverb 就 is used before a verb indicating that an event took place early, quickly or smoothly.

副词 "才" 用在动词前，表示事情发生得晚、慢，或进行得不顺利。

The adverb 才 is used before a verb indicating an event took place too late, slowly or occurred with difficulty.

他六点就起床了。
我走了一个小时才到。

3 助词 "了" 用在句尾，也可以表示情况的变化。

了 is used at the end of a sentence indicating a change of situation.

雨大了。
他不发烧了。

239

LESSON 19

第十九课
到饭店去吃饭

生词 New Words

1. 麻烦	（形）	máfan	troublesome
2. 事情	（名）	shìqing	thing; affair; matter
3. 复杂	（形）	fùzá	complex
4. 如果	（连）	rúguǒ	if
5. 尝	（动）	cháng	to taste
6. 味道	（名）	wèidao	taste; flavor
7. 必须	（助动）	bìxū	must
8. 虽然	（连）	suīrán	although
9. 价格	（名）	jiàgé	price
10. 友谊	（名）	yǒuyì	friendship
11. 餐厅	（名）	cāntīng	restaurant
12. 左边	（名）	zuǒbian	left
13. 着	（助）	zhe	a structural particle
14. 光临	（动）	guānglín	to attend graciously
15. 字	（名）	zì	character
16. 右边	（名）	yòubian	right
17. 挂	（动）	guà	to hang
18. 幅	（量）	fú	a measure word

19. 整齐	（形）	zhěngqí	in good order
20. 筷子	（名）	kuàizi	chopsticks
21. 盘子	（名）	pánzi	plate
22. 点	（动）	diǎn	to order (dish)
23. 有用		yǒuyòng	useful
24. 冷	（形）	lěng	cold
25. 汤	（名）	tāng	soup
26. 碗	（量、名）	wǎn	*a measure word*; bowl
27. 米饭	（名）	mǐfàn	rice
28. 奇怪	（形）	qíguài	strange
29. 肉	（名）	ròu	meat
30. 口	（量、名）	kǒu	*a measure word*; mouth
31. 酸	（形）	suān	sour
32. 甜	（形）	tián	sweet
33. 饿	（形）	è	hungry
34. 所有	（形）	suǒyǒu	all
35. 剩	（动）	shèng	to remain
36. 饺子	（名）	jiǎozi	dumpling
37. 满意	（形）	mǎnyì	satisfied
38. 渴	（形）	kě	thirsty
39. 果汁	（名）	guǒzhī	fruit juice
40. 结账		jiézhàng	to settle accounts
41. 端	（动）	duān	to hold sth. level with both hands
42. 盘	（量）	pán	*a measure word*
43. 别人	（代）	biérén	others
44. 正	（副）	zhèng	*indicating an action in progress*
45. 刮	（动）	guā	to blow
46. 风	（名）	fēng	wind
47. 伞	（名）	sǎn	umbrella
48. 只好	（副）	zhǐhǎo	have to
49. 停	（动）	tíng	to stop

咕老肉   Gūlǎoròu   Sweet and Sour Pork

课文 Text

lái Zhōngguó yǐhòu wǒ juéde chī fàn shì yí jiàn
来 中国 以后，我 觉得 吃 饭 是 一 件

máfan de shìqing yīnwèi Zhōngguó cài tài duō le
麻烦 的 事情。 因为 中国 菜 太 多 了，

míngzi tài fùzá le wǒ bù zhīdào shénme cài hǎochī
名字 太 复杂 了，我 不 知道 什么 菜 好吃，

shénme cài bù hǎochī rúguǒ yào chángchang gèzhǒng
什么 菜 不 好吃。如果 要 尝尝 各种

cài de wèidao jiù bìxū gēn hěnduō rén yìqǐ qù chī fàn
菜 的 味道，就 必须 跟 很多 人 一起 去 吃饭。

wǒmen xuéxiào fùjìn yǒu hěnduō xiǎo fàndiàn
我们 学校 附近 有 很多 小 饭店。

suīrán bú tài gānjìng dànshì jiàgé piányi wèidao yě
虽然 不太 干净， 但是 价格 便宜， 味道 也

búcuò shàngge xīngqī wǒ qùguo yì jiā xiǎo fàndiàn
不错。 上个 星期 我 去过 一 家 小 饭店。

zhè jiā fàndiàn jiào Yǒuyì Cāntīng jiù zài xuéxiào hòumén
这 家 饭店 叫 "友谊 餐厅"，就 在 学校 后门。

wǒ shì gēn wǒmen bān de tóngxué yìqǐ qù de
我 是 跟 我们 班 的 同学 一起 去 的。

yì zǒujin fàndiàn wǒ jiù kànjiàn zuǒbian de qiángshang
一走进 饭店，我就 看见 左边 的 墙上

xiě zhe huānyíng guānglín sì ge dà zì yòubian de
写着 "欢迎光临" 四个大字，右边 的

qiáng shang guà zhe jǐ fú
墙 上 挂着几幅

huàr zhuōzi shang zhěngqí
画儿。桌子 上 整齐

de fàng zhe kuàizi bēizi
地 放着 筷子、杯子、

pánzi shénme de wǒmen
盘子 什么 的。我们

gāng zuò xia fúwùyuán jiù guòlai qǐng wǒmen diǎncài
刚 坐下，服务员 就 过来 请 我们 点菜。

zhè shíhou Mǎlì cóng shūbāo li náchu yí ge xiǎo běnzi
这 时候，玛丽 从 书包 里 拿出 一个 小本子。

tā gàosu wǒmen zhè shàngmian xiě zhe tā chīguo de
她 告诉 我们 这 上面 写着 她 吃过 的

cài suǒyǐ yìzhí dài zhe tā wǒ juéde zhège bànfǎ
菜， 所以 一直 带着 它。我 觉得 这个 办法

búcuò suīrán yǒudiǎnr máfan dànshì hěn yǒuyòng
不错， 虽然 有点儿 麻烦， 但是 很 有用。

wǒmen diǎn le liǎngge lěngcài sānge rècài hái
我们 点了 两个 冷菜， 三个 热菜， 还

diǎn le yí ge tāng sì wǎn mǐfàn wǒmen děng le yíhuìr
点 了 一个 汤，四 碗 米饭。我们 等 了 一会儿，

cài jiù lái le zhège cài yǒu yíge qíguài de míngzi
菜　就　来　了。这个　菜　有　一个　　奇怪　　的　名字：

Gūlǎoròu wǒ cháng le yì kǒu yòu suān yòu tián hěn
咕老肉。　我　　尝　了一口，又　　酸　又　甜，很

hǎochī dàjiā dōu è le suǒyǒu de cài hěnkuài jiù chī
好吃。　大家　都　饿　了，所有　的　菜　很　快　就　吃

wán le yì diǎnr yě méi shèng wǒ tīng shuō zhèli de
完　了，一点儿　也　没　　剩　我　听　说　这里　的

jiǎozi zuòde búcuò jiù yòu
饺子　做得　　不错，就　又

diǎn le liǎng pán jiǎozi dàjiā
点　了　两　盘　饺子。大家

chī de hěn bǎo hěn mǎnyì
吃　得　很　饱，很　满意。

　　chī wán fàn Mǎlì juéde
吃　完　饭，玛丽　觉得

yǒudiǎnr kě tā yào le yì bēi guǒzhī jiézhàng de shíhou
有点儿　渴，她　要　了　一　杯　果汁。　结账　　的　时候，

fúwùyuán gěi wǒmen duānlai le yì pán shuǐguǒ tā
服务员　给　我们　　端来　了一　盘　　水果。她

gàosu wǒmen zhè shì sòng de wǒ juéde zhèli de fúwù
告诉　我们　这　是　送　的。我　觉得　这里　的　服务

búcuò cài yòu hǎochī yòu piányi yǐhòu wǒ yídìng
不错，菜　又　好吃　又　便宜。　以后　我　一定

jièshào biéren lái zhèli chīfàn
介绍　　别人　来　这里　吃饭。

wǒmen zǒuchu fàndiàn de shíhou wàimian zhèng
我们 走出 饭店 的 时候, 外面 正

guā zhe fēng xià zhe yǔ wǒmen dōu méi dài sǎn zhǐhǎo
刮 着 风, 下 着 雨。我们 都 没 带 伞, 只好

zài ménkǒu děng zhe guò le yíhuìr yǔ tíng le wǒmen
在 门口 等 着。过 了 一会儿,雨 停 了,我们

jiù huí sùshè qu le
就 回 宿舍 去 了。

生词 New Words

1. 拿手	（形）	náshǒu	skillful
2. 菜单	（名）	càidān	menu
3. 辣	（形）	là	spicy; hot
4. 豆腐	（名）	dòufu	bean curd
5. 鸡	（名）	jī	chicken
6. 炒	（动）	chǎo	to fry
7. 辣椒	（名）	làjiāo	chili
8. 够	（动、形）	gòu	enough
9. 蔬菜	（名）	shūcài	vegetable
10. 刚才	（名）	gāngcái	just now
11. 鱼	（名）	yú	fish
12. 死	（动）	sǐ	to die
13. 香	（形）	xiāng	fragrant
14. 米	（名）	mǐ	rice
15. …的话	（助）	…dehuà	if
16. 准备	（动、名）	zhǔnbèi	to prepare; preparation

专有名词 Proper Nouns

1. 麻婆豆腐	Mápódòufu	Bean Curd in Spicy Sauce
2. 辣子鸡	Làzǐjī	Chicken with Chili
3. 炒辣椒	Chǎolàjiāo	Fried Chili
4. 酸辣汤	Suānlàtāng	Hot and Sour Soup

会话 Dialogues

1

èrwèi chī diǎnr shénme
服务员：二位，吃　点儿　什么？

nǐmen zhèr yǒu shénme náshǒu cài
杰克：你们　这儿　有　什么　拿手　菜？

wǒmen de náshǒu cài hěnduō zhè shì càidān zìjǐ kàn ba
服务员：我们　的拿手　菜　很多，　这是　菜单，自己　看　吧！

wǒmen bú tài huì diǎncài nǐ
皮尔：我们　不太　会　点菜，你
gěi wǒmen jièshàojièshào ba
给　我们　介绍介绍　吧！
wǒmen xǐhuan chī là de
我们　喜欢　吃　辣的。

nàme lái yíge Mápódòufu yíge
服务员：那么　来　一个　麻婆豆腐、一个
Làzǐ jī yíge Chǎolàjiāo yíge Suānlàtāng
辣子鸡、一个　炒辣椒、一个　酸辣汤……

gòule gòule gěi wǒmen lái ge Mápódòufu zài lái liǎngge
杰克：够了，够了！给　我们　来个　麻婆豆腐，再来　两个
shūcài ba
蔬菜　吧！

hǎode qǐng děng yíxià
服务员：好的，请　等　一下。

wǒmen gāngcái diǎn de yú zěnme hái méilái
玛丽： 我们 刚才 点 的 鱼 怎么 还 没来？

zhèngzài zuò ne
服务员： 正在 做 呢！

wǒmen diǎn de mǐfàn ne tài màn le
安娜： 我们 点 的 米饭 呢？太 慢 了！

zhèng zuò zhe ne nǐmen xiān hē diǎnr chá ba
服务员： 正 做 着 呢！你们 先 喝 点儿 茶 吧！

wǒ yǐjing hē le sān bēi chá le
玛丽： 我 已经 喝了三 杯 茶 了。

（过了一会儿）

cài lái le mànmān chī
服务员： 菜 来 了！慢慢 吃！

mànmān chī wǒ è sǐ le
安娜： 慢慢 吃？我 饿死 了。

zhè shì wǒ cóng Rìběn dàilai de diǎnxīn nǐ chángchang ba
八木： 这 是 我 从 日本 带来 的 点心，你 尝尝 吧！

yòu xiāng yòu tián zhè shì yòng shénme zuò de
安娜： 又 香 又 甜。 这是 用 什么 做 的？

mǐ hé táng shàngmian xiě zhe ne rúguǒ
八木： 米 和 糖， 上面 写着 呢！如果

nǐ xǐhuan de huà jiù dōu náqu ba
你 喜欢 的 话，就 都 拿去 吧！

nǐ tài kèqi le wǒ zhèngzài zhǔnbèi
安娜： 你 太 客气 了。我 正在 准备

wǎnfàn ne nǐ yě lái chī ba
晚饭 呢，你 也 来 吃 吧！

hǎoba ràng wǒ chángchang nǐ de náshǒu cài
八木： 好吧！ 让 我 尝尝 你的 拿手 菜。

句型 Sentence Structure

1
如果要尝尝各种菜的味道，就必须跟很多人一起去吃饭。
（如果）你喜欢的话，就都拿去吧！

2
虽然不太干净，但是价格便宜，味道也不错。
虽然有点儿麻烦，但是很有用。

3
左边的墙上写着"欢迎光临"四个大字，右边的墙上挂着几幅画儿。
桌子上整齐地放着筷子、杯子什么的。
我们都没带伞，只好在门口等着。

4
我们走出饭店的时候，外面正下着雨。
（你们点的米饭）正做着呢！

练习 Exercises

一 内容理解 Comprehension

A 根据课文内容选择正确答案 Choose the correct answer according to the text

1. 杰克觉得吃饭是件麻烦的事情，因为
   A. 中国菜不好吃。
   B. 中国菜的名字很复杂。
   C. 中国菜太贵。

2. 学校附近的饭店
   A. 好吃，但不太干净。
   B. 好吃，但价格不便宜。
   C. 不好吃，但很便宜。

3. 玛丽一直带着一个小本子，这个小本子上面
   A. 写着菜的价格。
   B. 写着她学过的汉字。
   C. 写着她吃过的菜。

4. 他们在饭店里没点
   A. 咕老肉
   B. 饺子
   C. 水果

5. "友谊餐厅"
   A. 菜很好吃，也不贵。
   B. 服务马马虎虎。
   C. 服务不错，但是菜马马虎虎。

6. 他们走出饭店的时候
   A. 外面下雨了。
   B. 外面正在下雨。
   C. 外面下过雨。

B 根据会话判断下列句子的对错 Decide whether the following sentences are true or false according to the dialogues

1. 饭店的服务员给皮尔和杰克介绍了很多拿手菜。   （　　）
2. 杰克和皮尔点了很多辣的菜。   （　　）
3. 玛丽和安娜觉得这个饭店的菜做得太慢了。   （　　）
4. 安娜饿得不得了。   （　　）
5. 八木从日本带来的点心很甜。   （　　）
6. 八木请安娜尝尝他的拿手菜。   （　　）

二 读读写写 Read and write

麻烦的事情	奇怪的名字	复杂的问题	方便的交通
饿死了	忙死了	累死了	冷死了
走进饭店	拿出本子	端来水果	跑回宿舍
回宿舍去	进房间来	上楼去	下楼来
正刮着风	正下着雨	正做着呢	正准备着呢
墙上写着字	墙上挂着画儿	桌子上放着筷子	手里拿着书

三 用课文中的生词填空 Fill in the blanks using the new words

1. 从我家到公司，要换三次车，真是太 _____ 了。
2. 明天有语法考试，你 _____ 好了吗？
3. 我吃了药，现在比 _____ 舒服一点儿了。
4. 这件事情我不能帮你，你 _____ 自己做。
5. 我不懂法语，_____ 请他翻译。
6. 大家都走了，只 _____ 他一个人在那儿坐着。
7. 教室里 _____ 的学生都看着新来的老师。
8. 他从昨天晚上工作到今天早上，一分钟也没 _____ 过。

9. 这个城市的地铁有十几条，非常 _____，但是很方便。

10. 今天他要跟很重要的人见面，所以穿得很 _____。

11. 这种鱼没有眼睛，很 _____。

12. 小王的父母对儿子的女朋友很 _____。

13. 我们常常说："_____ 第一，比赛第二。"

14. 老师教了我们一些练习发音的方法，我试了试，真的很 _____。

15. 在中国，蔬菜的 _____ 比肉便宜得多。

四 用"刚"或"刚才"填空 Fill in the blanks with 刚 or 刚才

1. 他 _____ 走了两天你就来了。

2. _____ 外面还在下大雨，现在不下了。

3. 你来了多长时间了？我 _____ 来一会儿。

4. 我 _____ 说的话你都听清楚了吗？

5. 小鸡 _____ 从鸡蛋里出来的时候，样子很不好看。

6. _____ 你姐姐来过一个电话，她说她明天要来看你。

五 用"动词＋着"填空 Fill in the blanks with "verb+着"

1. 公园的椅子上 _____ 一个小女孩儿。

2. 房间的门 _____，但是里面一个人也没有。

3. 墙上 _____ 一张照片。照片上，她 _____ 一件红毛衣，特别漂亮。

4. 信封上 _____ 一张八毛的邮票，还 _____ "王刚先生收"几个字。

5. 他左手 _____ 一束鲜花，右手 _____ 一张报纸，好像在等人。

6. 邮局门口 _____ 一辆很旧的汽车。

7. 外面正 _____ 大风，你要多穿点儿衣服。

8. 书架上整齐地 _____ 各种书，有历史的，有经济的。

9. 他们家的窗子都 _____，好像没有人。

10. 他正 _____ 呢，你们说话的声音小一点儿。

六 用趋向补语填空 Fill in the blanks with the complements of direction

A 来／去

1. 我从朋友那儿拿 _____ 了几本杂志，你要不要看？

2. 小张病了，住在医院里，你给他送一些水果 _____ 。

3. 孩子们一下飞机就向我们跑 _____ 。

4. 他们都在楼下等你，你下楼 _____ 吧。

5. 对不起，我的护照忘在家里了，明天一定带 _____ 。

6. 外面太冷了，我们快进房间 _____ 吧。

B 进/出/上/下/回/过

1. 几个小男孩从外边很快地跑 _____ 了教室。

2. 他从银行取 _____ 了三千块钱。

3. 汽车慢慢地开 _____ 了山，山上的空气非常好。

4. 一听到这件事情，他马上就放 _____ 筷子出去了。

5. 这些书读过以后，要放 _____ 书架。

6. 昨天晚上我看见一个人从窗前走 _____ ，但是我不知道是男的还是女的。

七 完成句子 Complete the following sentences

1. 虽然我跟她已经十年没见了，

2. 虽然 _____ ，

3. 如果我是中国人（的话），

4. 如果我有很多钱（的话），

5. 如果 _____ ，

八 根据下面的图片写一段话，注意要用 "动词+着" Write a passage for the picture below using "verb +着"

这是一页菜单，几个人一组根据菜单内容进行会话练习 Working in groups, construct dialogues using the menu below

菜　单

宫保鸡丁 Gōngbǎojīdīng	16	炒菠菜 Chǎobōcài	10
番茄炒蛋 Fānqiéchǎodàn	12	蘑菇菜心 Mógucàixīn	10
椒盐排条 Jiāoyánpáitiáo	16	蚝油生菜 Háoyóushēngcài	10
鱼香肉丝 Yúxiāngròusī	16	西芹百合 Xīqínbǎihé	12
铁板牛肉 Tiěbǎnniúròu	16	炒荷兰豆 Chǎohélándòu	10
清蒸鲈鱼 Qīngzhēnglúyú	24	麻婆豆腐 Mápódòufu	12
腰果虾仁 Yāoguǒxiārén	20	西兰花 Xīlánhuā	10
北京烤鸭 Běijīngkǎoyā	68	青椒土豆丝 Qīngjiāotǔdòusī	10
菠萝咕老肉 Bōluógūlǎoròu	18	酸辣汤 Suānlàtāng	12
肉末粉丝煲 Ròumòfěnsībǎo	16	冬瓜汤 Dōngguātāng	10

点　心

汤面 Tāngmiàn	8
炒面 Chǎomiàn	8
水饺 Shuǐjiǎo	10
锅贴 Guōtiē	10
馄饨 Húntun	8
春卷 Chūnjuǎn	8
扬州炒饭 Yángzhōuchǎofàn	10
小笼包子 Xiǎolóngbāozi	12

饮料、酒

可口可乐 Kěkǒukělè	5
雪碧 Xuěbì	5
橙汁 Chéngzhī	8
乌龙茶 Wūlóngchá	5
矿泉水 Kuàngquánshuǐ	5
青岛啤酒 Qīngdǎopíjiǔ	10
黄酒 Huángjiǔ	10
葡萄酒 Pútáojiǔ	60

全班同学分成几个小组，每组5—8个人，老师告诉每组的第一位同学一句话，然后由第一位同学依次传给下一位同学，一直到最后一位。比一比哪个组传得又快又准确。

十一　阅读或听力材料 Reading and listening materials

鸭的朋友

　　有一个人非常喜欢吃鸭，他听说有一家饭店只用鸭做菜，做得非常好。他决定去那家饭店尝一尝。

　　他一走进饭店，服务员就热情地给他介绍饭店的拿手菜。他很高兴，就点了很多用鸭做的菜。服务员上菜的时候，每一盘菜他都要介绍一下："这是鸭腿"，"这是鸭翅"，"这是鸭胸"。最后一个菜端来的时候，这个人觉得那是一盘鸡，他拿起筷子吃了一口，真的是鸡。所以他故意指着那盘菜问服务员："这是什么？""鸭——"服务员停了一会儿，马上回答："这是鸭的朋友！"

1. 鸭	（名）	yā	duck
2. 翅	（名）	chì	wing
3. 胸	（名）	xiōng	chest
4. 起	（动）	qǐ	*used as a complement after a verb indicating the upward direction*
5. 故意	（副）	gùyì	purposely
6. 指	（动）	zhǐ	to point at

253

第十九课　到饭店去吃饭

熟读上文并标出声调，然后复述整个故事。自己准备一个小笑话或小故事，讲给同学们听 Read the passage above and write down the corresponding tone-marks. Retell the story and prepare a new story

1. 青菜 qīngcài
2. 卷心菜 juǎnxīncài
3. 胡萝卜 húluóbo
4. 黄瓜 huángguā
5. 冬瓜 dōngguā
6. 茄子 qiézi
7. 番茄 fānqié
8. 蘑菇 mógu
9. 土豆 tǔdòu
10. 洋葱 yángcōng
11. 大蒜头 dàsuàntóu
12. 生姜 shēngjiāng
13. 辣椒 làjiāo
14. 葱 cōng

附二　餐具和炊具 Tablewares and Cooking Utensils

1. 碗 wǎn
2. 筷子 kuàizi
3. 刀 dāo 叉子 chāzi
4. 盘子 pánzi
5. 碟子 diézi
6. 勺子 sháozi
7. 茶壶 cháhú
8. 锅 guō
9. 剪刀 jiǎndāo
10. 牙签 yáqiān

汉字 Chinese Characters

偏旁 Radicals	名称 Names	例字 Examples
小	小字头 xiǎozìtóu	少 常 光
丷	羊字头 yángzìtóu	差 美 着
鸟	鸟字旁 niǎozìpáng	鸡 鸭 鸽
皿	皿字底 mǐnzìdǐ	盘 盐 盖

1 助词 "着" The particle 着

"着" 用在动词后面，表示动作或状态的持续。否定式用 "没(有)…着"。

着 is used after a verb indicating the continuation of an action or a state. The negtive form is 没有…着.

桌子上放着书。

墙上没挂着地图。

"着" 也可以和表示动作进行的 "正"、"呢" 连用。

着 can also be used with 正 and 呢 together indicating the progression of an action.

外面下着雨呢。

他正唱着歌呢。

2 简单趋向补语与宾语 The simple complement of direction and the object

动词 "来" 或 "去" 和 "上、下、进、出、起、过、回" 放在其他动词后边作补语，表示趋向，叫简单趋向补语。

上，下，进，出，起，过，回 and 来，去 are used after a verb as a simple complement of direction.

(1) 宾语是表示处所的词语时，要放在简单趋向补语 "来" 或 "去" 之前；

The object of place should be put between the verb and the complement 来 or 去.

他回家去了。

快进房间来吧！

(2) 宾语不是表示处所的词语时，既可以放在动词和 "来" 或 "去" 之间，也可以放在 "来" 或 "去" 之后。

If the object is not a place, it can be put either before or after the complement 来 or 去.

请你拿一个杯子来。

她拿来了一个杯子。

LESSON 20

第二十课
中国的节日

生词 New Words

1.	节日	（名）jiérì	holiday; festival
2.	纪念	（动）jìniàn	to commemorate
3.	传统	（名）chuántǒng	tradition
4.	元旦	（名）Yuándàn	New Year's Day
5.	放假	fàngjià	to take a holiday
6.	迎接	（动）yíngjiē	to greet
7.	逛	（动）guàng	to stroll
8.	街	（名）jiē	street
9.	旅游	（动）lǚyóu	to go on a tour
10.	除了	chúle	except; besides
11.	以外	（名）yǐwài	except
12.	区	（名）qū	district
13.	活动	（名）huódòng	activity
14.	农历	（名）nónglì	the Chinese lunar calendar
15.	正月	（名）Zhēngyuè	the first month of the lunar year
16.	初	（形、头）chū	at the beginning of
17.	春节	（名）Chūnjié	the Spring Festival

18. 春天	（名）chūntiān	spring
19. 最后	（名）zuìhòu	last
20. 除夕	（名）chúxī	New Year's Eve
21. 一般	（形）yìbān	ordinary; general
22. 过年	guònián	spend the New Year
23. 聚	（动）jù	to gather
24. 一边…一边…	yìbiān…yìbiān…	to do sth. at the same time
25. 鞭炮	（名）biānpào	firecrackers
26. 烟花	（名）yānhuā	fireworks
27. 整	（形）zhěng	all
28. 新年	（名）xīnnián	New Year
29. 亲戚	（名）qīnqi	relative
30. 拜年	bàinián	to pay a New Year call
31. 祝贺	（动）zhùhè	to congratulate
32. 遇到	yùdào	to run into
33. 元宵	（名）yuánxiāo	rice glue ball
34. 扫	（动）sǎo	to sweep
35. 墓	（名）mù	tomb
36. 划	（动）huá	to paddle
37. 龙	（名）lóng	dragon
38. 船	（名）chuán	boat
39. 粽子	（名）zòngzi	a pyramid-shaped dumpling
40. 团圆	（动）tuányuán	reunite
41. 月亮	（名）yuèliang	the moon
42. 月饼	（名）yuèbing	moon cake
43. 老	（形）lǎo	old
44. 教育	（动、名）jiàoyù	to educate; education
45. 人们	（名）rénmen	people
46. 尊敬	（动）zūnjìng	to respect
47. 打算	（动、名）dǎsuàn	to plan; plan
48. 寒假	（名）hánjià	winter vacation
49. 留	（动）liú	to stay; to remain
50. 一块儿	（副）yíkuàir	altogether

1. 劳动节	Láodòngjié	Labor Day
2. 国庆节	Guóqìngjié	National Day
3. 妇女节	Fùnǚjié	Women's Day
4. 青年节	Qīngniánjié	Youth Day
5. 教师节	Jiàoshījié	Teacher's Day
6. 儿童节	Értóngjié	Children's Day
7. 元宵节	Yuánxiāojié	the Lantern Festival
8. 清明节	Qīngmíngjié	the Qingming Festival
9. 端午节	Duānwǔjié	the Dragon-Boat Festival
10. 中秋节	Zhōngqiūjié	the Mid-Autumn Festival
11. 重阳节	Chóngyángjié	the Double Ninth Festival
12. 敬老节	Jìnglǎojié	Day of Respect for the Aged

课文 Text

Zhōngguó yǒu hěnduō jiérì yǒude shì jìniàn jiérì
中国 有 很多 节日，有的 是 纪念 节日，

yǒude shì chuántǒng jiérì xiànzài ràng wǒ xiàng nǐmen
有的 是 传统 节日。现在 让 我 向 你们

jièshào yìxiē Zhōngguó jiérì de qíngkuàng
介绍 一些 中国 节日 的 情况。

yī yuè yī rì shì Yuándàn fàng yìtiānjià yíngjiē xīnde
一 月 一 日 是 元旦， 放 一天 假，迎接 新的

yì nián kāishǐ wǔ yuè yī rì shì Láodòngjié shíyuè yī rì
一 年 开始。五 月 一 日 是 劳动节， 十月 一 日

shì Guóqìng jié dōu fàng sān tiān jià zhè jǐtiān guàng
是 国庆 节，都 放 三 天 假。这 几天， 逛

jiē mǎi dōngxi de rén hěnduō chūqu lǚyóu de rén yě
街 买 东西 的 人 很多， 出去 旅游 的 人 也

tèbié duō chúle qù guónèi de fēngjǐngqū yǐwài hěnduō
特别 多。除了 去 国内 的 风景区 以外， 很多

rén hái chūguó lǚyóu
人 还 出国 旅游。

lìngwài háiyǒu yìxiē jiérì zhǐyǒu jìniàn huódòng
另外， 还有 一些 节日，只有 纪念 活动，

bú fàngjià bǐrú sān yuè bā rì Fùnǚjié wǔyuè sìrì
不 放假。比如：三 月 八日 妇女节， 五月 四日

Qīngniánjié jiǔyuè shírì Jiàoshījié děngděng liùyuè yīrì
青年节， 九月 十日 教师节 等等。 六月 一日

shì Értóngjié nàtiān shì xiǎopéngyou de jiérì chúle
是 儿童节。 那天 是 小朋友 的 节日，除了

xiǎopéngyou fàngjià wài biéde rén dōu bú fàngjià
小朋友 放假 外， 别的 人 都 不 放假。

chúle shàngmian shuōde zhèxiē jiérì yǐwài
除了 上面 说的 这些 节日 以外，

Zhōngguó háiyǒu yìxiē chuántǒng jiérì nónglì Zhēngyuè
中国 还有 一些 传统 节日。农历 正月

chūyī shì Chūnjié guòle Chūnjié chūntiān jiù kuài dào
初一 是 春节。 过了 春节， 春天 就 快 到

le suǒyǐ jiào Chūnjié Chūnjié shì Zhōngguó zuì dà de
了，所以 叫 春节。 春节 是 中国 最 大 的，

yě shì zuì rènao de jiérì Chūnjié de qián yìtiān yě jiùshì
也 是 最 热闹 的 节日。 春节 的 前 一天，也 就是

jiùnián de zuìhòu yìtiān jiào Chúxī huò Dàniányè zhè
旧年　的　最后　一天，叫"除夕"或"大年夜"。　这

shíhou Zhōngguórén yìbān dōuyào huíjiā guònián
时候，　中国人　　一般　都要　回家　过年，

quánjiārén gāogāoxìngxìng de jù zài yìqǐ chī niányèfàn
全家人　　高高兴兴　　地聚在一起吃　年夜饭。

yìbiān chī niányèfàn yìbiān liáoliao zhè yìnián de
一边　吃　年夜饭，　一边　聊聊　这　一年　的

qíngkuàng chīwán le fàn yǒuxiērén zài jiāli kàn diànshì
情况。　吃完　了饭，有些人　在　家里看　电视，

yǒuxiērén zài wàimian fàng biānpào fàng yānhuā
有些人　在　外面　放　鞭炮、　放　烟花。

hěnduōrén wándào hěn
很多人　　玩到　很

wǎncái shuì huòzhě zhěngyè
晚才　睡，或者　整夜

búshuì
不睡。

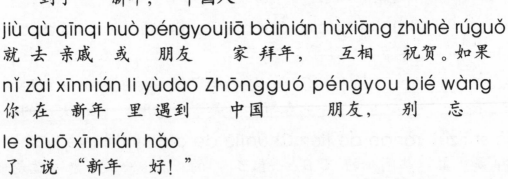

　　　dàole xīnnián Zhōngguórén
　　　到了　新年，中国人

jiù qù qīnqi huò péngyoujiā bàinián hùxiāng zhùhè rúguǒ
就去亲戚或　朋友　家拜年，互相　祝贺。如果

nǐ zài xīnnián li yùdào Zhōngguó péngyou bié wàng
你在　新年　里遇到　中国　朋友，别　忘

le shuō xīnnián hǎo
了说"新年　好！"

Chūnjié yǐhòu shì zhēngyuè shíwǔ Yuánxiāojié zhè
春节 以后 是 正月 十五 元宵节, 这

shì dàjiā chī yuánxiāo kàn dēng de jiérì
是 大家 吃 元宵、 看 灯 的 节日。

sìyuè chū yǒu Qīngmíngjié hěnduō rén qù
四月 初 有 清明节, 很多人 去

sǎomù jìniàn sǐqù de qīnrén nónglì
扫墓, 纪念 死去 的 亲人。农历

wǔyuè chūwǔ shì Duānwǔjié huá
五月 初五 是 端午节, 划

lóngchuán chī zòngzi nónglì bāyuè shíwǔ shì
龙船、 吃 粽子。 农历 八月 十五 是

Zhōngqiūjié gēn Chūnjié yíyàng zhè yě shì yí ge
中秋节, 跟 春节 一样, 这 也 是 一个

tuányuán de jiérì dàn méiyou Chūnjié
团圆 的 节日,但 没有 春节

rènao quánjiārén jù zài yìqǐ yìbiān kàn
热闹。 全家人 聚 在 一起, 一边 看

yuèliang yìbiān chī yuèbing lìngwài jiǔyuè chūjiǔ shì
月亮, 一边 吃 月饼。 另外, 九月 初九 是

Chóngyángjié yòushì Jìnglǎojié jiàoyù rénmen yào
重阳节, 又是 敬老节, 教育 人们 要

zūnjìng lǎorén
尊敬 老人。

wǒ lái Zhōngguó bànnián le chúle Guóqìngjié hé
我 来 中国 半年 了,除了 国庆节 和

Zhōngqiūjié biéde jiérì dōuméi guòguo kuài fàngjià
中秋节， 别的 节日 都没 过过。 快 放假

le zhège hánjià wǒ dǎsuàn liú zài Zhōngguó rúguǒ
了，这个 寒假 我 打算 留 在 中国。 如果

néng gēn Zhōngguó péngyou yíkuàir rèrenāonāo de
能 跟 中国 朋友 一块儿 热热闹闹 地

guò Chūnjié nà yídìng hěn yǒuyìsi
过 春节， 那 一定 很 有意思。

生词 New Words

1. 南方	（名）	nánfāng	the South
2. 旅行	（动）	lǚxíng	to travel
3. 出发	（动）	chūfā	to set out
4. 火车	（名）	huǒchē	train
5. 省	（名）	shěng	province
6. 行李	（名）	xíngli	luggage
7. 收拾	（动）	shōushi	to tidy; to pack
8. 结束	（动）	jiéshù	to finish
9. 一路平安		yílùpíng'ān	Have a nice trip!
10. 水平	（名）	shuǐpíng	level
11. 低	（形）	dī	low
12. 学期	（名）	xuéqī	term
13. 继续	（动）	jìxù	to go on
14. 级	（名）	jí	rank; level
15. 开玩笑		kāiwánxiào	to make a joke
16. 离开	（动）	líkāi	to leave
17. 派	（动）	pài	to send
18. 机会	（名）	jīhuì	chance

专有名词 Proper Nouns

1. 桂林	Guìlín	Guilin
2. 四川	Sìchuān	Sichuan Province
3. 西藏	Xīzàng	Tibet
4. 广州	Guǎngzhōu	Guangzhou

会话 Dialogues

1

kuài yào fàngjià le nǐ yǒu shénme dǎsuàn
杰克: 快 要 放假 了, 你 有 什么 打算?

wǒ dǎsuàn qù nánfāng lǚxíng xiān
安娜: 我 打算 去 南方 旅行。 先
cóng Shànghǎi chūfā zuò fēijī dào
从 上海 出发, 坐 飞机 到
Guìlín zài zuò huǒchē dào Sìchuān
桂林, 再 坐 火车 到 四川
shěng ránhòu qù Xīzàng
省, 然后 去 西藏。

qù zhème yuǎn de dìfang nǐ yào
杰克: 去 这么 远 的 地方, 你 要
dài hěnduō xíngli ba
带 很多 行李 吧!

shì a xiànzài wǒ yìbiān zhǔnbèi kǎoshì yìbiān shōushi xíngli
安娜: 是 啊! 现在 我 一边 准备 考试, 一边 收拾 行李。
kǎoshì yì jiéshù wǒ jiù chūfā
考试 一 结束, 我 就 出发。

zhù nǐ yílù píng'ān
杰克: 祝 你 一路 平安!

xièxie
安娜: 谢谢!

zhècì Hànyǔ shuǐpíng kǎoshì nǐ cānjiā bu cānjiā
八木: 这次 汉语 水平 考试你 参加 不 参加？

wǒ cái xuéle bànnián shuǐpíng tài dī le
玛丽: 我 才 学了 半年， 水平 太 低了。

nà xiàge xuéqī nǐ dǎsuàn jìxù xuéxí ma
八木: 那 下个 学期 你 打算 继续 学习 吗？

duì wǒ yào zài xué bànnián duìle
玛丽: 对， 我 要 再 学 半年。 对了,

nǐde Hànyǔ búcuò kěyǐ qù shìshi
你的 汉语 不错，可以 去 试试,

yídìng néng kǎo bā jí
一定 能 考 八级。

bājí nǐ bié kāiwánxiào le
八木: 八级？你 别 开玩笑 了。

3

Lǐlǎoshī wǒ shì lái gēn nín shuō zàijiàn de wǒ jiù yào líkāi
皮尔: 李老师，我 是 来 跟 您 说 再见 的，我 就要 离开

Shànghǎi le
上海 了。

ò nǐ yào huíguó le
李老师: 哦，你 要 回国 了。

bù wǒ zhǎodàole yí ge
皮尔: 不，我 找到了 一个

gōngzuò gōngsī pài wǒ qù
工作， 公司 派 我 去

Guǎngzhōu gōngzuò
广州 工作。

nà hěn hǎo zhè shì yí ge hǎo jīhuì
李老师: 那 很 好！这 是 一个 好 机会。

shì a zhège xuéqī fēicháng gǎnxiè nín
皮尔: 是 啊！这个 学期 非常 感谢 您！

nǎli nǎli
李老师: 哪里, 哪里!

rúguǒ yǒu jīhuì de huà wǒ yídìng huì zài lái Shànghǎi
皮尔: 如果 有 机会 的 话, 我 一定 会 再 来 上海。

hǎo xīwàng nǐ nǔlì gōngzuò
李老师: 好, 希望 你 努力 工作!

xièxie zàijiàn
皮尔: 谢谢, 再见!

zàijiàn
李老师: 再见!

句型 Sentence Structure

1 除了去国内的风景区以外，很多人还出国旅游。
除了小朋友放假外，别的人都不放假。

2 一边吃年夜饭，一边聊聊这一年的情况。
现在我一边准备考试，一边收拾行李。

3 快放假了，这个寒假我打算留在中国。
我就要离开上海了。

4 全家人高高兴兴地聚在一起吃年夜饭。
如果能跟中国朋友一块儿热热闹闹地过春节，那一定很有意思。

练习 Exercises

一 内容理解 Comprehension

A 根据课文内容连线 Match the following festivals with the appropriate date and description according to the text

6月1日	元旦	放三天假，出去旅游的人很多
5月1日	春节	除了小朋友以外，别的人都不放假
10月1日	元宵节	迎接新的一年开始
1月1日	妇女节	团圆的节日
5月4日	清明节	看灯
3月8日	青年节	吃粽子、划龙船
4月5日	教师节	中国最大、也是最热闹的节日
9月10日	儿童节	吃元宵
农历正月初一	端午节	看月亮、吃月饼
农历九月初九	国庆节	放鞭炮、放烟花
农历五月初五	劳动节	扫墓，纪念死去的亲人
农历正月十五	中秋节	又是敬老节
农历八月十五	重阳节	只有纪念活动，不放假

B 根据会话回答问题 Answer the following questions according to the dialogues

1. 安娜放假以后打算去哪儿旅行？
2. 安娜什么时候出发？
3. 玛丽参加汉语水平考试吗？为什么？
4. 八木觉得自己能考八级吗？
5. 皮尔为什么要离开上海？
6. 皮尔还会来上海吗？

二 读读写写 Read and write

纪念节日	纪念活动	传统节日	传统习惯
放鞭炮	放烟花	收拾行李	收拾房间
离开上海	离开父母	尊敬老人	尊敬教师
参加考试	参加晚会	聚在一起	住在一起
高高兴兴	热热闹闹	干干净净	认认真真

三　用课文中的生词填空 Fill in the blanks using the new words

1. 我 _____ 家乡已经三年了，一次也没回去过。
2. 你的房间太乱了，要好好儿 _____ 一下。
3. 春节或者中秋节的时候，中国人一般都要回家吃 _____ 饭。
4. 国庆节是 _____ 1949 年 10 月 1 日这个中国历史上非常重要的一天。
5. 这种衣服是中国的 _____ 衣服，不过现在穿的人很少。
6. 他很高，所以老师让他坐在教室的 _____。
7. 过年的时候，北方人 _____ 都要在家里做饺子吃。
8. 听说你当爸爸了，_____ 你。是儿子还是女儿？
9. 昨天晚上，她在回家的路上 _____ 了老朋友。
10. 我 _____ 先学一年汉语，学完了以后再在中国找工作。
11. 现在中国大城市的生活 _____ 比以前高多了。
12. 如果你不 _____ 别人的话，别人也不会 _____ 你。
13. 他很想出国留学，可是一直没有 _____。
14. 中国大学生们 _____ 了对韩国的访问，明天就要回国了。
15. 学校 _____ 和家庭 _____ 对孩子们都非常重要。

四　请用"能"、"会"或"可以"填空 Fill in the blanks with 能, 会 or 可以

1. 今天下大雨，刮大风，我们不 _____ 去游泳了。
2. 以前他不 _____ 说普通话，现在 _____ 说了。
3. 他一分钟 _____ 写 150 个汉字。
4. 你们的将来一定 _____ 更好。
5. 你不 _____ 带这些东西上飞机。
6. 李老师明天 _____ 不 _____ 来参加我们的晚会？

五　模仿例子造句 Write phrases and sentences according to the example

> 高兴　高高兴兴
> 全家人高高兴兴地聚在一起吃年夜饭。

1. 干净

2. 整齐

3. 清楚

4. 认真

六　模仿例子用"除了…以外…"改写下列句子 Rewrite the following sentences with 除了…以外…

（1）中国有很多纪念节日：国庆节、劳动节、青年节、妇女节等等。
　　　中国有很多纪念节日，除了国庆节以外，还有劳动节、青年节、妇女节等等。
（2）儿童节小朋友放假，别的人都不放假。
　　　儿童节除了小朋友以外，别的人都不放假。

1. 安娜会说多种语言：英语、法语、德语和西班牙语。
2. 我们点了两个冷菜，三个热菜和一个汤。
3. 来中国以后，我去过南京、北京、桂林、西藏等地方。
4. 我觉得汉语的语法不太难，但是发音、声调和汉字都比较难。
5. 杰克吃过粽子，别的同学都没吃过。
6. 小王不吃辣的，别的菜他都能吃。

七　完成下列句子 Complete the following sentences

1. 春天快到了，＿＿＿＿＿＿＿＿＿＿＿＿＿＿＿＿＿＿＿＿
2. 就要放假了，＿＿＿＿＿＿＿＿＿＿＿＿＿＿＿＿＿＿＿＿
3. 要下雨了，＿＿＿＿＿＿＿＿＿＿＿＿＿＿＿＿＿＿＿＿＿
4. 下个月我就要回国了，＿＿＿＿＿＿＿＿＿＿＿＿＿＿＿＿
5. 我们的课本快要学完了，＿＿＿＿＿＿＿＿＿＿＿＿＿＿＿
6. 我听说他要当爸爸了，＿＿＿＿＿＿＿＿＿＿＿＿＿＿＿＿

八 根据图片用"一边…一边…"造句 Write sentences for the pictures below with 一边…一边…

九 你们国家有哪些节日？跟中国的一样吗？请你介绍一下 Please introduce the festivals in your country

十 游戏 Game

1. 三个或四个同学一组，A同学在心里想好一种东西（人、事、地方都可以），不可以告诉别人。别的同学问他问题，一直到猜对他想的东西为止，问的问题越少越好。（注意：问题只能是是非问；A同学只能回答"是"或"不是"。）

2. 请两位同学到前面来，老师在黑板上写一种东西（人、事、地方都可以），不可以让这两位同学看见。他们可以问其他同学十个问题，然后猜一猜老师写的东西。（提问和回答的方法同上）

正月初一不回家

　　从前有一对夫妻，非常喜欢猜谜语。有一年年底，丈夫去了很远的地方。妻子给他写了一封信，问了他两个问题：一是春节是不是回家过年；二是同意不同意女儿结婚。不久，妻子收到了丈夫的回信，但是信上只写了一句话：正月初一不回家。妻子有点儿不高兴，她想丈夫忘了回答第二个问题。但是她又看了一遍，突然发现这句话是个谜语。第二个问题丈夫也已经回答了。

　　"正月初一"的"初"跟"除"的发音差不多，"正月"两个字合在一起，然后除去第一划，就是一个"肯"字，所以丈夫同意女儿结婚。

1. 对	（量）	duì	*a measure word*; pair
2. 夫妻	（名）	fūqī	couple
3. 猜	（动）	cāi	to guess
4. 谜语	（名）	míyǔ	riddle
5. 底	（名）	dǐ	end
6. 丈夫	（名）	zhàngfu	husband
7. 同意	（动）	tóngyì	to agree
8. 结婚		jiéhūn	to marry
9. 合	（动）	hé	to combine
10. 除	（动）	chú	to remove
11. 肯	（动）	kěn	to agree

270

JICHU HANYU SISHI KE

熟读上文并标出声调，然后复述一遍。下面有几个字谜，请你猜一猜是什么汉字
Read the passage above and write down the corresponding tone-marks. Then retell the story and determine what Chinese characters are implied by the following riddles

1. 我没有他有，天没有地有　　2. 十五天

3. 九十九　　4. 一点一点又一点

汉字 Chinese Characters

偏旁 Radicals	名称 Names	例字 Examples
田	田字旁 tiánzìpáng	累 男 画
页	页字旁 yèzìpáng	顺 须 颜
立	立字旁 lìzìpáng	亲 站 端
虫	虫字旁 chóngzìpáng	蛇 蝴 虾

注释 Notes

1 "除了…以外"表示加合关系，后面常有副词"还、也"或"又"等；"除了…以外"表示排除关系，后面常有副词"都"。

When 除了…以外 means "in addition to", it is often used together with 还, 也 or 又. When 除了…以外 means "except", it is often used together with 都.

我们学校除了中国学生以外，还有很多外国留学生。

除了小朋友以外，别的人都不放假。

2 "要…了"表示一个动作或情况很快就要发生，"要"前可以加上"就"或"快"，表示时间紧迫。"就要…了"，"快要…了"也可以省略为"就…了"，"快…了"。

要…了 indicates that an event is about to take place. 要 may be preceded by 就 or 快. 就要…了 and 快要…了 may be simplified as 就…了 and 快…了.

我(就)要回国了。

(快)要考试了。

3 一部分形容词可以重叠，表示性质的程度加深。双音节形容词重叠的方式是"AABB"，作状语时一般要加"地"。

Some adjectives can be duplicated to indicate a high degree. A duplicated form of the disyllabic adjective is AABB. When it is used as an adverbial , 地 is often used after it.

全家人高高兴兴地聚在一起吃年夜饭。

我想跟中国朋友热热闹闹地过春节。

生 词 检 索 表

生词	课目	生词	课目
A		包子	9
啊	7	饱	12
啊	8	报	1
哎呀	14	报纸	11
矮	17	杯	14
爱	18	杯子	17
爱好	17	北面（边）	14
爱人	6	被子	17
安静	8	本	5
安娜	12	本子	5
按	16	鼻子	18
澳大利亚	12	比	17
		比较	17
B		比如	17
八	1	比赛	17
吧	9	笔	1
把	8	必须	19
爸爸	1	鞭炮	20
白	11	便宜	11
百	5	遍	5
拜年	20	表	9
班	10	别	14
办法	17	别的	11
办公室	14	别人	19
半	9	冰淇淋	18
半天	16	病	18
帮	18	病人	18
帮助	15	博物馆	14
包	1	不	1
包裹	16		

生词	课目	生词	课目
不错	11	衬衣	11
不得了	18	城市	14
不过	18	吃	4
不好意思	16	迟到	14
不行	16	重阳节	20
不要	14	出	15
不用	14	出发	20
部	13	出来	16
		出去	18
C		出租汽车	18
才	18	初	20
菜	12	除了…	20
菜单	19	除夕	20
参观	14	厨房	8
参加	15	穿	11
餐厅	19	传统	20
草地	14	传真	16
厕所	8	船	20
层	8	窗子	8
茶	15	床	8
茶叶	15	春节	20
差	9	春天	20
差不多	17	词	10
长	10	词典	7
长寿	15	磁带	13
长途	16	次	11
尝	19	从	14
常常	10	从…到…	14
唱	10	从来	18
超市	11	聪明	16
炒	19	错	9
炒辣椒	19		
		D	
车	13	答应	15

生词	课目	生词	课目
打	9	地方	7
打呼噜	12	地铁	14
打扫	13	地铁二号线	14
打算	20	地图	1
打针	18	弟弟	1
大	7	第	1
大夫	18	点	9
大概	14	点	17
大家	12	点	19
大声	18	点心	13
大象	13	点钟	9
大学	6	电话	15
大学生	6	电脑	15
大约	14	电视	9
代	17	电影	9
带	18	电影院	13
单	16	电子邮件	16
担心	17	东面（边）	14
但是	11	东西	5
蛋糕	15	懂	2
当	12	动物	13
当然	12	动物园	13
倒	15	都	6
到	14	豆腐	19
德语	12	读	1
得	12	肚子	18
的	2	端	19
地	15	端午节	20
…的话	19	锻炼	10
灯	14	对	2
等	11	对	16
等	11	对不起	5
低	20		

生词	课目	生词	课目
对面	11	风	19
多	7	风景	14
多	8	封	17
多长	10	服务	16
多大	6	服务员	17
多少	5	幅	19
		辅导	10
E		父母	15
饿	19	父亲	15
儿童节	20	付	18
儿子	6	妇女节	20
二	4	附近	16
		复习	9
F		复杂	19
发	16		
发烧	18		
发音	17	**G**	
法语	12	改	16
翻译	12	干	13
饭	4	干净	8
饭店	13	感冒	17
方便	8	感谢	18
方法	16	刚	17
房间	8	刚才	19
访问	17	高	12
放	17	高兴	12
放假	20	告诉	16
飞机	15	哥哥	2
非常	11	鸽子	14
费	16	歌	10
分	5	个	5
分	9	各种	13
分钟	10	给	11
		给	15

生词	课目	生词	课目
跟	14	过	14
更	17	过	15
工厂	15	过来	18
工程师	15	过年	20
工作	6	过去	18
公共汽车	14	**H**	
公斤	11	还	7
公司	6	还是	11
公园	8	还是	18
够	19	孩子	13
咕老肉	19	寒假	20
古代	14	韩国	12
刮	19	喊	18
挂	19	汉语	3
挂号信	16	汉字	5
拐	14	航空信	16
关	18	好	2
关心	18	好吃	11
光临	19	好好儿	18
广场	14	好久	15
广告	16	好看	13
广州	20	好客	15
逛	20	好像	18
贵	2	号	3
贵姓	5	号	11
桂林	20	号码	16
国	4	喝	2
国际	16	合适	11
国内	16	和	6
国庆节	20	河	7
果汁	19	黑	11
过	13	很	2

生词检索表

277

生词	课目	生词	课目
红	11	集合	14
后面（边）	14	几	3
后天	15	几	12
互相	15	挤	16
护士	15	记	16
护照	16	纪念	20
花儿	7	继续	20
华东师范大学	6	寄	16
划	20	家	6
画	12	家	13
画儿	12	家庭	6
话	15	家乡	17
坏	17	价格	19
欢迎	11	检查	18
还	17	简单	11
换	11	见	5
黄	11	见面	12
回	9	件	11
回答	2	建筑	14
回来	18	健康	15
回去	18	将来	17
会	12	教	10
活动	20	交通	17
火车	20	角	5
或者	9	饺子	19
		脚	18
J		叫	5
机场	15	教师节	20
机会	20	教室	10
鸡	19	教育	20
鸡蛋	9	接	15
级	20	街	20
极了	12	节	10

JICHU HANYU SISHI KE

生词	课目	生词	课目
节日	20	开	16
杰克	6	开始	9
结束	20	开玩笑	20
结账	19	看	3
姐姐	3	看见	13
介绍	15	考	12
借	17	考试	12
今年	12	咳嗽	18
今天	3	可爱	13
斤	11	可能	18
近	14	可是	16
进	8	可以	12
进来	18	渴	19
进去	18	刻	9
经济	17	客气	3
警察	14	课	3
敬老节	20	课本	2
九	3	课文	9
酒	12	空气	17
旧	10	口	19
就	13	口语	15
橘（桔）子	15	哭	18
句子	17	块	5
聚	20	快	12
决定	18	快乐	15
觉得	15	筷子	19
		快递	16
K			
咖啡	2	**L**	
咖啡厅	8	辣	19
卡	16	辣椒	19
卡拉 OK	12	辣子鸡	19
开	13	来	4
		蓝	11

生词	课目	生词	课目
篮球	9	路口	14
劳动节	20	旅行	20
老	20	旅游	20
老虎	13	绿	11
老师	4	乱	18
了	10	伦敦	7
累	2		
冷	19	**M**	
离	14	妈妈	1
离开	20	麻烦	19
礼物	15	麻婆豆腐	19
李	6	马路	14
里	7	马马虎虎	12
里面（边）	7	马上	13
历史	17	玛丽	6
练习	9	吗	2
两	5	买	1
辆	13	卖	1
聊天	9	满意	19
了解	17	慢	12
零	5	忙	2
零钱	16	毛	5
另外	17	毛笔	15
留	20	毛衣	13
留学生	6	没（有）	13
六	3	没关系	5
龙	20	没意思	17
楼	8	没有	6
楼房	8	每	8
录音	10	美国	4
录音机	17	美丽	14
路	13	美元	13
路	14	妹妹	1

生词	课目	生词	课目
门	8	呢	2
门口	18	能	16
们	2	你	1
米	19	你们	2
米饭	19	年	15
面（条）	12	年级	15
面包	4	年纪	6
名字	5	念	3
明白	17	您	4
明年	15	牛	17
明天	3	牛奶	4
明信片	13	牛仔裤	13
母亲	15	农历	20
墓	20	努力	12
		女	6
N		女儿	6
拿	17		
拿手	19	**O**	
哪	4	哦	10
哪儿	4		
哪里	7	**P**	
哪里	12	爬	17
那	4	怕	14
那儿	4	拍	13
那里	8	排队	16
那么	15	派	20
那些	14	盘	19
奶奶	15	盘子	19
男	6	旁边	7
南方	20	胖	13
南京路	13	跑	1
南面（边）	14	跑步	9
难	3	陪	16

生词	课目	生词	课目
喷水池	14	请假	18
朋友	6	请问	10
皮尔	7	球	10
皮鞋	11	球场	12
啤酒	11	区	20
片	18	取	16
漂亮	8	去	4
票	14	去年	16
苹果	11	全	18
瓶	11	裙子	13
普通话	15		

Q		**R**	
七	3	然后	16
奇怪	19	让	16
骑	13	热	17
起床	9	热闹	12
汽车	13	热情	15
千	5	人	4
铅笔	7	人们	20
前面（边）	14	人民广场	14
前天	12	认识	11
钱	5	认真	14
墙	16	日	4
桥	7	日本	4
亲爱	17	日文	11
亲戚	20	容易	12
青年节	20	肉	19
清楚	17	如果	19
清明节	20		
情况	17	**S**	
请	3	三	5
请	15	伞	19
		散步	10

生词	课目	生词	课目
扫	20	事情	19
山	17	试	11
商店	8	是	4
上	7	收	16
上	13	收拾	20
上海博物馆	14	手	18
上海大剧院	14	手表	16
上课	5	手机	16
上来	18	售货员	11
上面（边）	7	书	4
上去	18	书包	7
上网	16	书店	11
上午	9	书法	12
少	11	书架	8
蛇	13	舒服	13
身	18	蔬菜	19
身体	10	束	15
生词	9	树	7
生活	8	双	11
生日	15	谁	4
声调	17	水	4
声音	12	水果	11
省	20	水平	20
剩	19	睡	10
狮子	13	睡觉	9
十	4	顺利	17
什么	4	说	5
什么的	15	司机	18
时候	9	死	19
时间	10	四	5
食堂	8	四川	20
市	14	送	15
事儿	15	苏州河	7

生词	课目		生词	课目
宿舍	7		停	19
酸	19		同学	10
酸辣汤	19		头	13
虽然	19		图书馆	7
岁	6		团圆	20
所	15			
所以	15		**W**	
所有	19		外国	7
T			外面（边）	7
他	1		外滩	14
她	1		完	17
他们	2		玩儿	10
她们	2		晚	12
它	13		晚饭	9
太	11		晚会	15
太太	6		晚上	9
汤	19		碗	19
糖	15		万	5
特别	13		王	5
特快专递	16		王方	5
疼	18		网球	12
踢	10		往	14
提	12		忘	14
天	9		为什么	12
天气	15		卫生间	8
甜	19		位	6
条	7		味道	19
跳舞	10		喂	15
贴	16		文化	14
听	3		问	2
听见	18		问好	17
听说	18		问题	10
			我	2

生词	课目	生词	课目
我们	2	香港	13
五	1	香蕉	15
午饭	9	想	12
		想念	17
X		向	17
西班牙	12	像	17
西藏	20	小	7
西瓜	18	小姐	6
西面（边）	14	小时	10
希望	17	小学	6
稀饭	9	笑	18
习惯	16	鞋子	11
洗	8	写	3
洗衣房	8	谢谢	3
洗澡	8	新	10
洗澡间	8	新年	20
喜欢	7	信	16
系	15	信封	16
下	7	星期	3
下	11	星期日	10
下车	14	星期天	3
下课	5	行	9
下来	18	行李	20
下面（边）	7	姓	5
下去	18	幸福	15
下午	9	熊猫	13
夏天	17	休息	10
先	14	学	12
先生	6	学期	20
鲜花	15	学生	4
现在	5	学习	3
香	19	学校	7

生词	课目	生词	课目
Y		以前	10
烟	17	以外	20
烟花	20	椅子	8
盐	17	意大利	12
颜色	11	意思	10
眼睛	18	因为	15
样子	18	音乐	9
药	18	银行	13
要	11	饮食	18
也	6	应该	16
页	3	英国	6
夜	14	英文	11
一	1	英语	3
一…就…	15	迎接	20
一般	20	营业员	16
一边…一边…	20	用	11
一点儿	17	邮局	16
一定	17	邮票	16
一共	6	游泳	9
一会儿	14	友谊	19
一块儿	20	有	6
一路平安	20	有的	13
一起	9	有点儿	18
一下（儿）	16	有名	13
一些	11	有趣	14
一样	17	有时候	10
一直	14	有意思	13
衣服	1	有用	19
衣柜	8	又	16
医生	6	又…又…	13
医院	15	右边	19
已经	15	鱼	19
以后	10	愉快	10

生词	课目	生词	课目
雨	17	找	14
语法	17	照片	13
语言	12	照相	14
预习	10	这	4
遇到	20	这儿	4
元	5	这里	17
元旦	20	这么	16
元宵	20	这些	14
元宵节	20	这样	16
圆	13	真	8
远	14	真的	12
月	3	整	20
月饼	20	整齐	19
月亮	20	正	19
运动	10	正月	20
运动场	7	正在	18
		证件	16
Z		政府	14
杂志	11	支	11
再	5	知道	16
再见	5	职员	6
在	7	只	16
在	13	只好	19
脏	13	纸	4
早	12	中国	4
早饭	9	中国银行	13
早上	9	中间	14
怎么	13	中秋节	20
怎么样	8	中山公园	8
怎样	17	中文	11
站	14	中午	9
张	8	中心	14
找	11	中学生	6

生词	课目	生词	课目
钟	9	自行车	13
钟头	10	粽子	20
种	12	走	14
重要	17	足球	10
周末	13	最	13
周围	14	最后	20
主意	15	最近	18
住	8	尊敬	20
注意	18	昨天	5
祝	15	左	14
祝贺	20	左边	19
准备	19	作业	9
桌子	7	坐	14
着	19	座	7
字	19	做	5
自己	17	做客	15